PRESIDENTES
da américa latina

GOVERNO DO ESTADO DE SÃO PAULO

Governador	Cláudio Lembo
Secretário-chefe da Casa Civil	Rubens Lara

FUNDAÇÃO MEMORIAL DA AMÉRICA LATINA

Diretor-presidente	Fernando Leça
Chefe de Gabinete	Fernando Calvozo
Diretor do Centro Brasileiro de Estudos da América Latina	Eliézer Rizzo de Oliveira
Diretor de Atividades Culturais	Felipe Macedo
Diretor Administrativo e Financeiro	Sérgio Jacomini

DEPARTAMENTO DE PUBLICAÇÕES

Gerente/Editora Executiva	Leonor Amarante

imprensaoficial — IMPRENSA OFICIAL DO ESTADO DE SÃO PAULO

Diretor-presidente	Hubert Alquéres
Diretor Vice-presidente	Luiz Carlos Frigerio
Diretor Industrial	Teiji Tomioka
Diretora Financeira e Administrativa	Nodette Mameri Peano
Chefe de Gabinete	Emerson Bento Pereira

PRESIDENTES
da américa latina

coordenador
Celso Lafer

|imprensaoficial

São Paulo
2006

Copyright© 2006 dos autores
Todos os direitos reservados.

Ficha Catalográfica

P938	Presidentes da América Latina / coordenador Celso Lafer. — São Paulo : Fundação Memorial da América Latina, Imprensa Oficial do Estado de São Paulo, 2006. 288 p. Conteúdo : Conferências realizadas em 2006 na Fundação Memorial da América Latina. ISBN 85-85373-62-8 / Fundação Memorial da América Latina ISBN 85-7060-514-5 / Imprensa Oficial do Estado de São Paulo 1. História América Latina. 2. Debates América Latina. 3. Integração Econômica América Latina. 4. Relações Econômicas Internacionais América Latina. Lafer, Celso, coord. <div align="right">CDD – 337.18</div>

Foi feito o depósito legal na Biblioteca Nacional
(Lei n° 1.825, de 20/12/1907)

Fundação Memorial da América Latina
Av. Auro Soares de Moura Andrade, 664
Barra Funda
01156-001 – São Paulo – SP
Tel.: (011) 3823-4600
Fax: (011) 3823-4604
www.memorial.sp.gov.br

Imprensa Oficial do Estado de São Paulo
Rua da Mooca, 1921 – Mooca
03103-902 – São Paulo – SP
Tel.: (011) 6099-9800
www.imprensaoficial.com.br
livros@imprensaoficial.com.br
SAC Grande São Paulo (011) 6099-9725
SAC Demais Localidades (011) 0800-0123 401

Apresentação

Fernando Leça 7

Governador Geraldo Alckmin 11

Celso Lafer 13

Fernando Henrique Cardoso/ Brasil 19

Debate 47

Expositor e seus Debatedores 81

Eduardo Duhalde/ Argentina 89

Debate 103

Expositor e seus Debatedores 135

César Gaviria/ Colômbia................................... 143

    Debate.. 163

    Expositor e seus Debatedores.................... 195

Galeria de fotos 202

Carlos Mesa/ Bolívia.................................... 207

Rodrigo Carazo/ Costa Rica............................ 231

Ernesto Pérez-Balladares/ Panamá.............. 243

Valentín Paniagua/ Peru............................... 255

Marco Vinicio Cerezo/ Guatemala............... 273

Apresentação

Os excelentes resultados alcançados pelo Memorial com o projeto Presidentes do Mercosul, promovido nos anos de 2000 e 2001, por iniciativa de Fábio Magalhães, presidente, na época, desta Fundação, tornaram oportuna, agora, a extensão do foco de reflexões à dimensão latino-americana. Daí a realização, neste ano de 2006, da série de depoimentos e debates que compõem o projeto Presidentes da América Latina, que ampliou o leque de questões abordadas, ensejando aos ex-presidentes convidados a oportunidade de um olhar retrospectivo sobre a região e os seus países, um relato sobre as vivências pessoais e seus respectivos governos e, obviamente, uma análise da realidade atual.

Passados mais de vinte anos da retomada do compromisso com a democracia em países importantes da região, como Argentina, Brasil e Chile, a idéia era também celebrar e fortalecer essa conquista e, por isso, o tema central do projeto teria de ser a própria Democracia ou, em termos mais objetivos, o fortalecimento do processo democrático na América Latina. E foi assim, efetivamente.

Da Alca às relações da América Latina com outros blocos econômicos, passando pelas reformas estruturais, pelas rodadas de negociações da Organização Mundial do Comércio, pelo Mercosul, pelas eleições que se realizam neste ano em vários países da região, inúmeros temas foram objeto de reflexão, permitindo uma melhor compreensão dos problemas comuns e das propostas e caminhos possíveis.

O projeto Presidentes da América Latina configura-se, assim, como oportunidade especial para o aprofundamento destas questões, sobre as quais um ex-presidente, com o passar do tempo e, nessas circunstâncias, favorecido pelo distanciamento das responsabilidades inerentes ao exercício do poder, tem a isenção e a perspectiva de uma análise mais abrangente e crítica.

Característica fundamental do projeto, essa condição enseja, como evidencia o presente livro, uma ampla e construtiva reflexão sobre a consolidação da democracia política e também a discussão a respeito de um estágio ainda marcado por vicissitudes históricas que têm colocado obstáculos consideráveis à superação de desigualdades sociais e travas ao desenvolvimento regional em outros aspectos importantes. São, afinal, pressupostos para a construção de uma democracia plena, com oportunidades de educação e trabalho e um conjunto de políticas públicas comprometidas com a promoção humana e com o desenvolvimento sustentável da região.

Nossos conferencistas são protagonistas da história contemporânea de seus países, tendo projetado sua influência e sua liderança não só na região como em outros círculos internacionais. Reconhecida a diversidade, suas nações contam, entretanto, com um elemento comum, que ajudaram a construir: o compromisso com a democracia. E é sobre suas experiências como chefes de Estado que os convidamos a se pronunciar, trazendo uma valiosa contribuição à análise dos desafios políticos, econômicos e sociais do Continente. Essas experiências estão hoje a serviço de uma verdadeira integração da América Latina, que está no cerne da missão institucional da Fundação Memorial da América Latina.

A iniciativa do Memorial contou com as parcerias da Fundação Padre Anchieta (TV Cultura), do Grupo O Estado e da Imesp Imprensa Oficial do Estado de São Paulo. A série de depoimentos foi iniciada pelo ex-presidente do Brasil, Fernando Henrique Cardoso, em

PRESIDENTES
DA AMÉRICA LATINA

7 de fevereiro de 2006, seguido por Eduardo Duhalde (Argentina), em 14 de fevereiro, e César Gaviria, em 28 de março, especialmente convidados para o projeto, compondo um primeiro bloco e um formato diferenciado, que compreendeu debates com acadêmicos, jornalistas, diplomatas e outros especialistas.

O segundo bloco inclui os ex-presidentes Carlos Mesa (Bolívia), Rodrigo Carazo (Costa Rica), Ernesto Pérez- Balladares (Panamá), Valentín Paniagua (Peru) e Marco Vinicio Cerezo (Guatemala), que, durante o IV Encontro de Biarritz, realizado também no Memorial da América Latina, nos dias 1 e 2 de junho, do mesmo ano, prestaram seus depoimentos a Eliézer Rizzo de Oliveira, diretor do Centro Brasileiro de Estudos da América Latina CBE-AL e ao jornalista Mário Lima.

Cabe, por fim, um registro especial: a participação honrosa do ex-ministro das Relações Exteriores do Brasil, professor doutor Celso Lafer, coordenador do projeto, foi uma garantia para a sua efetivação e para o seu êxito. Contribuição importante foi dada também pelo ex-ministro da Fazenda, Pedro Malan, que coordenou os trabalhos da jornada inicial, cabendo igualmente um reconhecimento a todos os integrantes das bancadas de debatedores, nominados no texto.

Fernando Leça
Diretor-Presidente do Memorial da América Latina

Uma palavra brevíssima, primeiro para cumprimentar Fernando Leça pelo excelente trabalho frente ao Memorial da América Latina. Não só pela reforma física em todos prédios da instituição, mas também pela extraordinária pauta de debates e estudos sobre a questão latino-americana. O projeto Os Desafios da Democracia não poderia se iniciar de forma melhor do que com o presidente Fernando Henrique Cardoso. Ele conseguiu uma condição rara na vida pública: aliar à vocação acadêmica uma extraordinária vocação política. Foi senador da República pelo Estado de São Paulo, chanceler, ministro das Relações

PRESIDENTES DA AMÉRICA LATINA

Exteriores, ministro da Fazenda, e excepcional presidente da República.

Nossa geração não sabia o que era a estabilidade. O Brasil mudava a cada momento o nome da moeda e não conseguia conquistar essa pré-condição para um país com desenvolvimento e melhor qualidade de vida. O plano real foi a rede de proteção social criada em seu governo. Houve avanços na educação com o Fundef (Fundo de Manutenção e Desenvolvimento do Ensino Fundamental), houve também avanço na saúde, além da esperada consolidação democrática. O Brasil assistiu à transição extremamente madura do seu governo para o seu sucessor.

Fenelón dizia que "o homem digno de ser ouvido é aquele que usa a palavra apenas para exprimir o pensamento e o pensamento para a verdade e a justiça".

Geraldo Alckmin

Este livro reúne depoimentos de ex-presidentes da América Latina. É fruto de uma iniciativa da Fundação Memorial da América Latina e representa, como registra seu presidente Fernando Leça, um desdobramento de escopo mais amplo do Projeto Presidentes do Mercosul realizado nos anos 2000 e 2001.

A idéia de reunir, de forma estruturada, estes depoimentos obedece a uma lógica que cabe explicitar nesta nota de abertura. A América Latina está vivendo, nestes últimos anos, a afirmação de processos democráticos. Estes processos são um meritório contraponto ao arbítrio dos regimes autoritários que caracterizaram a região no passado. A experiência da democracia na nossa região tem as suas características próprias, suas realizações, que são muito significativas; os seus desafios, que são grandes; e os seus problemas, que são complexos. Pode-se dizer que a valorização dos direitos humanos é um dos adquiridos axiológicos dos processos de redemocratização e que a democracia, na sua dimensão eleitoral de consulta regular à cidadania, caminha bem.

Não tem sido simples, no entanto, o desafio da governabilidade. Basta lembrar que, de 1985 até os nossos dias, mais de dez presidentes não conseguiram concluir os seus mandatos constitucionais, não por obra de intervenções militares mas porque não lograram coligações de apoio, adequadamente abrangentes para assegurar-lhes sustentabilidade política.

O desafio da governabilidade na região passa por uma agenda que inclui, inter alia: a interconexão globalização/democracia esquerda; a diminuição da relevância econômica da região no mundo; o impacto do ingresso no centro da vida política de novos atores, historicamente marginalizados, seja por conta de sua classe ou de sua etnia; a desogopolização da dinâmica política; as dificuldades de gerar resultados sociais e econômicos significativos e as conseqüentes frustrações das aspirações da inclusão social; a crise dos partidos políticos e a redobrada importância dos movimentos sociais; a fragmentação do jogo político e a sublevação dos particularismos no contexto de instituições mais ou menos frágeis.

Os presidentes que participaram do Projeto, Fernando Henrique Cardoso do Brasil; Eduardo Duhalde da Argentina; César Gaviria da Colômbia; Carlos Mesa da Bolívia; Rodrigo Carazo da Costa Rica; Ernesto-Pérez Balladares do Panamá; Valentín Paniagua do Peru; Marco Vinicio Cerezo da Guatemala; enfrentaram, cada um à sua maneira e no âmbito das especificidades dos seus países, itens da agenda política acima mencionada. Esses itens são, por assim dizer, o campo de provas da democracia da nossa região. Daí a idéia de se fazer um documentado registro das respectivas experiências. Qual é o alcance do relato da experiência, que é base da concepção deste livro?

O termo experiência aponta para o contato direto com o mundo da vida, com o inter homines esse no âmbito do qual se dá a ação política, na lição de Hannah Arendt. Experiência vem do latim experiri e tem, entre as suas acepções, o ensaiar, o testar, o pôr à prova. O pôr à prova pode levar à aprovação – no caso a aprovação dos resultados obtidos no desempenho de uma gestão governamental. Pode levar à provação, no caso a provação do exercício do poder, que pode ser dura. Experiência significa tanto o lado subjetivo de quem experiencia quanto o lado objetivo daquilo que se põe como experienciado. Como observava Miguel Reale, há uma dialeticidade epistemológica que liga o ato de experienciar ao fato experienciado – e o fato, o factum, conota tanto "o que foi feito" quanto "o que aconteceu".

Todos os depoimentos deste livro articulam experiências com as características acima mencionadas e lembro que Hannah Arendt atribui o maior relevo à experiência como meio de alcançar a compreensão dos assuntos. Diz, no prefácio a Entre o Passado e o Futuro, que o próprio pensamento surge dos acontecimentos da experiência vivida e a eles deve permanecer ligado pois são os únicos pontos de apoio para nos guiar, numa época em que os conceitos se tornaram fugidios. É por isso, aliás, que apreciava autores como Maquiavel, Montesquieu, Tocqueville, que pensaram com pertinência sobre a política – de "dentro" e não de "fora" -, a partir da perspectiva de suas próprias experiências.

A experiência política, no entanto, só se torna uma referência quando é lembrada e transmitida. Daí, para Hannah Arendt, a interconexão entre experiência, ação e narração. A narrativa tem um poder redentor e esclarecedor, pois propicia, por meio de suas "estórias", o significado e a compreensão ao, no presente, olhar para trás, para aquilo que aconteceu e foi feito. Em síntese, a ação política se revela na linguagem da narratividade, seja pelas "estórias", seja num sentido mais amplo, pela História. É o que ocorre nos relatos deste livro. As "estórias" evocam a experiência e suscitam, na organização de uma narrativa, o parar para pensar o significado dos acontecimentos vividos. Modelar, neste sentido, é a abertura deste volume com o depoimento de Fernando Henrique Cardoso e os debates que suscitou com seus interlocutores – Boris Fausto, Bolívar Lamounier, Carlos Vogt, Paulo Moreira Leite,- moderado por Pedro Malan.

Todos os eventos que são lembrados são pensados, variando o alcance da reflexão segundo quem lembra. É certo, no entanto, que o contar de uma estória é uma forma apropriada de pensá-la. Os depoimentos recolhidos neste volume têm este mérito. Para continuar com Hannah Arendt, eles não são teoria, mas constituem a determinação da localização do pensamento que pode instigar a teoria – a teoria sobre o campo de provas da democracia na América Latina. Daí a relevância e a utilidade deste volume e do Projeto Presidentes da América Latina patrocinado pela Fundação Memorial da América Latina do qual promana, e em cuja concepção e organização tive a satisfação pessoal e o estímulo intelectual de colaborar.

Celso Lafer
Coordenador do Projeto Presidentes
da América Latina

FERNANDO HENRIQUE CARDOSO

BRASIL

O tema que me pedem que conversemos nessa tarde é complexo: trata-se de fazer uma análise do processo de democratização na América Latina com base não apenas em minha visão, mas também em minha experiência concreta no exercício da função de presidente da República. Isso é o que será pedido a cada um dos participantes.

O Fernando Leça, na sua introdução, assinalou um fato que é fundamental. Nos últimos 20 anos, assistimos à consolidação da democracia na América Latina. Mas o que significa isso? E quais foram as condições nas quais esse processo político se exerceu e se vem exercendo? Qual foi o grande desafio, ou qual é o grande desafio do fortalecimento da democracia?

A democracia, em nossa região, se restabelece em certas situações, em outras se aperfeiçoa, num processo social e político que é bastante desafiador. A América Latina sofreu profundas transformações, a partir, digamos, dos anos 60/70, mas isso ficou muito claro nos anos 80. A que eu me refiro? Há etapas, ondas sucessivas de transformação. A primeira delas, de ordem econômica, é conhecida e tem suas origens nos anos 60. Nessa época começava uma modificação sensível na forma de organização da produção econômica, em escala mundial; é o que se chama hoje de globalização.

Recordo que, nos anos 60, quando estava no Chile, trabalhando na Cepal (N. DO E. – COMISSÃO ECONÔMICA PARA AMÉRICA LATINA), estávamos todos obcecados com uma idéia: a do desenvolvimento. O grande mestre da Cepal era Raul Prebisch, economista argentino, que formulou ou expressou pelo menos aquilo que foi, durante décadas, se eu posso usar uma palavra que não é adequada, o receituário para o desenvolvimento econômico da América Latina. Esta era a nossa obsessão.

Nesse receituário, colocava-se ênfase num Estado que fosse capaz de organizar as forças econômicas, na necessidade do investimento externo que seria capaz de aumentar a produtividade. Havia a idéia de que ou bem nós nos industrializaríamos, ou bem iríamos exportar matéria-prima. Na época, já se sabia que a relação de preços era desfavorável à exportação de matérias primas em relação às manufaturas. Este era o miolo da questão, tanto que a partir desta equação, da chamada deterioração dos termos de intercâmbio, desenvolveu-se toda uma teoria de como atuar para mudar a situação.

Bem, nessa época, repito, fui ao Chile, não por vontade própria, e me integrei à Cepal, no Instituto de Planejamento, quando o Dr. Prebish era ainda o presidente daquele instituto. E ele, na época, estava organizando a Unctad (N. DO E. UNITED NATIONS CONFERENCE ON TRADE AND DEVELOPMENT) um órgão das Nações Unidas que tratava das questões do comércio e do desenvolvimento. Prebisch passava uma parte do tempo no Chile, outra em Washington, por causa do BID, e outra ainda em Genebra, na Suíça, onde até hoje fica a sede da Unctad. A mim tocou-me, com outros companheiros, fazer uma apreciação dos esforços que estávamos realizando na Cepal em prol do desenvolvimento. E eu escrevi um livro com um colega chileno, o Enzo Faletto, Dependência e Desenvolvimento na América Latina, que teve uma certa repercussão na época e foi traduzido para muitas línguas. Na verdade, o livro é conseqüência de um relatório que nós fizemos ao Prebish e à direção da Cepal. Um de nós tentava dizer: "Tudo bem, vocês estão olhando para a questão do desenvolvimento, do crescimento, desta maneira, mas é preciso prestar atenção. Não existe só uma forma de relação entre o centro desenvolvido e a periferia subdesenvolvida. Há múltiplas maneiras de os países da chamada periferia se integrarem no centro; não há um só caminho, há múltiplos caminhos históricos que dependem de muitas coisas, da dotação de recursos naturais, das decisões políticas. É um processo social, econômico e político".

Como não tínhamos ainda uma noção muito precisa do que estava ocorrendo, embora sentíssemos que começava um forte processo de industrialização em alguns dos países da chamada periferia, entre os quais o Brasil, dizíamos naquele livrinho que estava ocorrendo um processo a que nós chamamos de internacionalização do mercado interno. A expressão é equivocada. Havia mais do que isso, havia uma transformação do processo produtivo global que é a globalização. Mas naquela época, 1966/67, o próprio conceito de empresa multinacional não existia ainda. A idéia de empresa multinacional veio depois. Pode-se imaginar como estávamos toscos, despreparados intelectualmente para entender o que estava ocorrendo.

Nos anos 80, estava claro, já que havia um processo a que hoje se chama de globalização, resultado de mudanças tecnológicas profundas e transformações nos meios de comunicação, transportes, mudanças na rapidez com que se deu a possibilidade de deslocar os centros de comando de um país para outro, assim como os centros de produção, a dispersão do sistema produtivo, a formação de cadeias produtivas que saltam as fronteiras nacionais, enfim um outro mundo. Pois bem, esse outro mundo estava claro e desafiante nos anos 80, 90. Como cada país vai se haver com esse mundo? O que fazer diante dele? E o mundo que estava se formando, com uma nova forma de organizar o sistema produtivo, acelerou o processo que já estava ocorrendo antes. E que processos são esses? Demográfico-sociais. Mas não tínhamos consciência disso, embora as transformações fossem profundas.

Estávamos assistindo, na América Latina, à imensa concentração urbana em vários países. Na Venezuela, houve enorme mobilização de gente deslocando-se para Caracas, transformando-a em metrópole. Isso ocorreu também em São Paulo, Rio de Janeiro, Buenos Aires. Houve forte aumento do processo migratório, conseqüência, por sua vez, de transformações econômicas, inclusive da desagregação da antiga base produtiva assentada nas fazendas, que se modernizaram também, e dispersaram mão-de-obra. Com esse processo de migração, veio junto a favelização, que ocorreu em vários países e, em cada um, recebeu um nome diferente: de caiampa a vila-miséria, favela, há uma variação de nomes, mas se trata do mesmo fenômeno, de uma massa que se desloca do campo para a cidade, sem ingressar nos processos tradicionais de tomada de decisão.

O processo foi muito rápido. No caso do Brasil, assim como em outros países, a população inverteu a relação campo/cidade de 20% a 80% em 30, 40 anos. Hoje, nós temos menos de 20% da população na área rural; o restante está nas cidades. Nos anos 50 a relação era inversa: 20% nas cidades e 80% no campo. Estou dando números gerais, a magnitude era essa e foi assim em quase todos os países de nossa região. Isto provocou uma espécie de terremoto em tudo, primeiro colapso do aparelho estatal, depois nas formas organizadas do governo do Estado para atender a educação, a saúde; a iluminação pública, os transportes. Não havia como dar conta dessa massa de gente que veio para as cidades. Imagine que uma cidade como São Paulo crescia nos anos setenta 5% ao ano, quer dizer se São Paulo tivesse cinco milhões de habitantes, seriam 250.000 habitantes novos por ano. Há estudos sobre isso, bastante interessantes a respeito de como se deu este processo e de como o Estado afinal ficou pequeno para dar conta dessa imensa massa de pessoas demandando.

Bom, não é mecânico, não é automático. Cada país tem a sua história, mas essa situação colocou contra a parede todas as formas tradicionais de mando na região. Isso gerou fenômenos diferentes. Para simplificar, em muitos países surgiu o que se chama de populismo, conceito vago, difícil de caracterizar, mas que no fundo pressupõe uma massa urbana nova e alguns setores políticos prestando atenção a essa massa, fazendo um apelo a elas. Uns com mais êxito, outros com menos. Mas houve um processo que foi abalando as estruturas tradicionais de organização política.

Bem, isso por si só não destruiu necessariamente as formas pré-existentes de liberdade, de constituição, de democracia, que foram variando de país para país e desgastando os sistemas políticos tradicionais. Quando olhamos a história da nossa região, veremos que, em momentos diferentes, muitos países já estavam dentro de um marco de democracia, entendendo-se por democracia a organização livre e direta, a alternância do poder, a existência de partidos. Alguns destes elementos eles já possuíam, mas esse sistema não dava conta da massa que entrava nas cidades e, às vezes, ajudava a pressionar o campo a fazer movimentos mais agitados do que até os urbanos. Então começaram a existir situações de instabilidade. A incapacidade do sistema político tradicional de responder a essas demandas criava expectativas, e criava a possibilidade de formas novas, não necessariamente boas e não necessariamente democráticas.

Em muitos países, houve esse tipo de processo, mesmo no Chile que é um país de estrutura social mais européia, mais tradicional, com uma estrutura de classes mais organizada e no qual o processo de migração não foi tão violento como no Brasil, Argentina, ou Venezuela. Mesmo no Chile houve momentos em que a estrutura tradicional não dava conta das mudanças ocorridas. Tudo isso visto do ângulo interno nos anos 60, 70, 80. Pois, do ângulo externo, antes do surgimento da globalização, havia outro fenômeno, de natureza política: a Guerra Fria. O mundo era dividido essencialmente em dois blocos, liderados pelos Estados Unidos e pela União Soviética, China. Por um lado, a disputa global, ao incidir em territórios específicos, dava aos movimentos locais uma coloração diferente. Era como se os movimentos locais tivessem necessariamente vinculação com os movimentos internacionais. Embora isso não fosse necessário, era percebido como tal, como tendo alguma ligação perigosa com os rumos da dinâmica maior da Guerra Fria.

Foi uma época muito difícil em nossa região. Em muitos países. o sistema tradicional entrou em colapso, como na Venezuela, por exemplo. A Venezuela tinha, depois das ditaduras que se estabeleceram, um sistema representativo com dois ou três partidos principais, mas que não foram capazes de encontrar apoio nas novas massas que estavam nas cidades, e que não viam seus interesses atendidos, nem um processo que permitisse efetivamente, mesmo que fosse a longo do tempo, uma melhora na sua condição social. Não vou entrar em detalhes de cada país, não corresponde a mim. Quando vier o presidente da Venezuela, Hugo Chávez, ele nos dirá o que aconteceu.

Isso também aconteceu na Argentina, mais de uma vez e até recentemente, quando houve um esgotamento na relação entre, de um lado, o que eles chamam de peronismo, um movimento um tanto complexo para não dizer confuso, e, por outro lado, a União Cívica Radical, um partido centenário que se esgotou. No Peru, assistimos duas vezes a este mesmo processo, um que teve como conseqüência a eleição do Fujimori, outro que resultou na queda dele.

Para recapitular, a democracia está se construindo na América Latina com o tremendo desafio que é o de dar atenção a novas massas populacionais que pressionam socialmente. Querem, como é natural, educação, saúde, habitação, saneamento, etc. Querem participar de igual maneira no processo decisório. E isto se dá no contexto de tremenda transformação na base produtiva mundial. Houve, depois, o fim da Guerra Fria, o que acelerou ainda mais o processo de globalização. Se olharmos a história mais recente da América Latina, o que aconteceu a cada um dos países, embora haja fenômenos locais, o desafio permanece: o que eu faço com a economia desse país? Podemos continuar fazer crescer esse país, como se dizia na Cepal, "para dentro",ou seja, olhando para o mercado interno, ou teremos que, de alguma maneira, olhar também para o mercado externo? Como resolveremos essa questão?

Houve também a abertura dos mercados. Isso também teve efeito sobre a consolidação da democracia, porque a abertura de mercados é necessária, chega um momento em que o desafio está posto e não é mais possível viver isoladamente do mundo. O processo é difícil, porque ele desarticula bases produtivas pré-existentes. No momento em que se abre a economia, ou seja, diminuem-se as tarifas de importação e o mercado interno começa a importar, ficam prejudicados setores produtivos que estavam acostumados a sobreviver. A gritaria que fazem é grande, e as acusações são imensas: "estão desnacionalizando, estão entregando tudo aos estrangeiros". Todas estas propostas ou críticas que desarticulam trazem também a perspectiva do novo. Em que bases será organizada a economia? E em que bases serão tomadas as decisões? Qual será o papel do Estado? Então se coloca o desafio de reconstruir o Estado Nacional. Isto é percebido, num primeiro momento, como a destruição do Estado, como o predomínio do mercado, o chamado neoliberalismo. Isto até pode ser verdade em certos países, na medida em que não foram politicamente capazes de reconstruir um Estado diante das novas condições, de criar outras formas de regulação, outras formas de definição de política econômica capazes efetivamente de permitir uma transição de uma economia fechada para uma economia aberta. Efetivamente, alguns países desorganizaram sua base estatal e têm dificuldades diante destes processos novos.

Esse é o desafio que todos os países continuam enfrentando, dentro de condições e possibilidades variáveis. Na América Latina dos anos 50 e 60, imaginava-se que todos os processos econômico-sociais fossem homogêneos, tinha-se uma idéia de América Latina integrada. No momento em que se verificou que não era exatamente assim, ou seja, que há caminhos diferentes, trajetórias distintas e possibilidades geográficas variáveis, assim como diferentes matérias-primas, distintos graus de avanço da população em termos de educação, capacidades decisórias diversas, os países se dispersaram, buscando, cada um, seus reais interesses.

O que não impede, mas antes pede uma maior integração econômica entre eles. O Memorial da América Latina abraça essa idéia. Temos algo em comum: vamos tentar a integração. Sair de uma visão fechada de cada país, para um olhar mais aberto da região.

Em 1962/1963, escrevi dois trabalhos, um sobre empresários e um outro para a Cepal, para uma reunião que houve em Punta del Este. Um sociólogo espanhol, a quem devo muito, chamado José Medina Echeverría, que trabalhava na Cepal, pediu-me que fizesse um trabalho sobre os empresários e suas visões sobre a integração da Alalc, Associação Latino-Americana de Livre Comércio. A bem da verdade, não havia visão alguma. A visão que havia de integração era tecnocrática, ou seja, era a visão da Cepal, dos economistas, era a visão política de alguns setores, era cultural de outros setores, mas não havia uma visão econômica, integradora. Não se tinha uma visão da importância de tal integração. Mas tarde, quando eu já trabalhava na Cepal, o Prebisch me pediu que eu fosse à América Central para discutir a formação de um banco de desenvolvimento centro-americano, dentro de um projeto de integração da América Central. Estive em vários países da região, onde havia talvez um pouco mais de consciência, por parte dos governos, da necessidade de se unirem, porque eram países de base econômica estreita.

Em outros países, não era assim. Entre argentinos, chilenos, mexicanos e brasileiros, nos anos 60, a consciência da convergência econômica era mínima entre os setores empresariais. Era uma situação alheia aos setores empresariais, e isso avançou apenas no decorrer do tempo. Fez-se o Mercosul, em 1991, assinou-se o Tratado de Assunção, mas, na semana passada, o Brasil aceitou a imposição de salvaguardas para proteger a indústria argentina da competição da indústria brasileira. Por quê? Porque não houve de fato a integração, se entendermos por integração a fusão não só de capitais como de processo produtivo, das cadeias produtivas, de tal maneira que a produção se desdobre no espaço geográfico e ultrapasse a fronteira nacional.

Ao mesmo tempo em que estamos vivendo um momento difícil com relação à questão da integração, surge uma proposta, feita em 1994 pelos EUA, da Zona de Livre Comércio das Américas, e todos os países ficaram meio sem saber o que fazer diante desta proposta. Alguns setores disseram: "Não, (como se fosse a época do imperialismo). Trata-se da anexação das nossas economias à economia principal". Houve até tentativa de organizar plebiscito no Brasil pelo PT, que hoje é ardoroso partidário de uma forma mais civilizada de integração, mas naquela época não era. O fato é que a reação foi e é um tanto ambivalente. Enquanto discutíamos se valia ou não a pena, os EUA perderam um pouco o interesse na Alca e acharam ser mais conveniente realizar acordos bilaterais. E assinaram acordos com o Chile, a América Central, estão fazendo com os Países Andinos, já têm com o México, deixando o Brasil e o Mercosul um tanto isolados. Agora, diante de um Mercosul um tanto desintegrado, esse processo não está claro. Em que direção vamos? É preciso tomar decisões nesta área. Como é que cada país se integra à ordem econômica mundial? Qual a sua vantagem? É melhor sobre o manto da ALCA? Ou o manto do Mercosul? Ou não são exclusivos? Ou o que fazemos com a União Européia? O que fazemos com o resto do mundo? De qualquer maneira não se pode mais pensar, cada um de nossos países, de forma isolada. Eles têm de tomar decisões no contexto regional e no global. No contexto mundial, algumas decisões têm que ser tomadas para se saber o que corresponde melhor aos nossos interesses e quando eu digo nossos, não são necessariamente coincidentes os interesses de cada país da região. Há um esforço grande de busca de alguns momentos, ou de alguns pontos de convergência, mas está claro que o Chile, por exemplo, tomou um rumo definitivamente diferente. Resolveu isoladamente fazer muitos acordos comerciais, sendo uma economia de base industrial acanhada, mas de grande capacidade de mobilidade e com capacidade de dominar circuitos de comercialização. Passou a ter uma vinculação direta com o mercado internacional, inventou o mercado para o salmão que passou a produzir em massa, melhorou a qualidade de seu vinho, continuou com a extração do cobre, exporta frutas e passou a exportar capitais.

Os países foram buscando formas diferentes. Em que medidas isso afeta nosso tema, que é o da democracia? Afeta, e muito, pois, de certa maneira, as bases para que se tenha um processo mais tranqüilo e que as pessoas se sintam comprometidas com os governos e, portanto, com os regimes políticos, ainda não estão claras. Há momentos em que os países têm dúvida e se perguntam: será esse o caminho, ou é outro?

Há sempre uma possibilidade de aparecer alguém que proponha um milagre. Esse processo está infelizmente em curso na América Latina e, portanto, é bom que o Memorial organize este encontro sobre a construção da democracia, que requer condições universais e nós sabemos quais elas são: a liberdade em primeiro lugar e certas regras claras de direito e transição de poder, etc.

Tem-se também uma mobilidade muito grande de demandas nas nossas sociedades, assim como uma rapidez nos processos de formação de vínculos entre as pessoas que nunca se imaginou, que são as redes que se organizam a partir dos meios modernos de comunicação. Quem é que, com a internet, foi ao limite na fronteira nacional? Só a China talvez, onde Google foi chamado a ficar controlando o fluxo de informações. É quase impossível hoje em dia controlar o fluxo de idéias, de informações. O mecanismo pelo qual existe a agregação de interesses hoje é novo. Não é que ele substitua o antigo, os partidos existem, as associações de classe, os sindicatos continuam e vão continuar, mas, simultaneamente as mobilizações se dão por mecanismos de outra natureza, dos quais o controle autoritário é muito difícil. Exemplo claro foi o que aconteceu na Espanha recentemente, quando o eleitorado mudou de posição em 48 horas por causa da interpretação de que o governo teria manipulado a questão do atentado terrorista. E como mudou de posição? Qual foi o modo pelo qual as pessoas foram votar? Muitos de fato não iriam votar. Previa-se um índice de abstenção grande. Mas acabaram comparecendo às urnas porque foram motivados pelos torpedos, pelas mensagens rápidas no celular. Há um estudo que mostra que a participação dos jovens foi maior nas eleições.

Temos de repensar o problema de fortalecimento da democracia entendendo a rapidez com que as demandas de apresentam, com que elas podem se organizar, com que elas podem se mobilizar. E a necessidade da resposta rápida existe. A população tem o sentimento que o sistema político normal não dá conta do recado. E há um distanciamento entre as pessoas e o que acontece na esfera do poder. O poder fica mais flutuante, e isso é perigoso, porque isso pode gerar crises de legitimidade. Em nome do que se exerce o poder? Quem obedece? Por que obedece? E se obedece mais não leva muito a sério? Toma outras decisões. Isso pode ocorrer, e ocorre em certas circunstâncias, como, por exemplo, em certos momentos recentes da vida política da Argentina. O que aconteceu lá pode também acontecer aqui, no México, na Venezuela. E tudo se dá com muita velocidade, num processo de deslegitimar os modos tradicionais pelos quais a democracia assegura a sua validade.

Esta questão tem de ser enfrentada. Não se trata da substituição das formas tradicionais democráticas do exercício do mando e de legitimação do mando por novas, mas antes de uma espécie de justaposição. Há uma ansiedade por participar, e a ansiedade às vezes gera uma desilusão. Essa ansiedade tem relação não com a descrença na democracia. Não é isso. Todo mundo sabe que numa democracia o Congresso, o presidente da República, o governador do Estado, são as instâncias formais de poder. Mas as sociedades querem participar não da decisão final, mas sim do processo de deliberação, de como se chega lá, querem transparência, querem participação mais ampla do que a substituição dos mecanismos formais por mecanismos de democracia direta. São sempre arriscados os meios de democracia direta ao simplesmente deslegitimarem a democracia mesma, em função do movimento de opinião rápida.

Pois bem, até que ponto o mundo político, quer dizer o mundo do poder formal, o mundo organizado do Estado da política será ou não capaz de entender essa dinâmica? E nessas sociedades, reitero, de grande rapidez, porque esses grupos se formam e desaparecem com muita rapidez. Ele vem junto com dois outros processos. Um deles refere-se à capacidade de promover a ascensão social. Existe um estudo do professor José Pastore que é muito interessante. Ele faz um resumo das várias pesquisas existentes sobre processos de mobilidade social no Brasil, que é e continua muito alta. A possibilidade de ter uma vida melhor que a dos pais é grande, apesar de tudo que se diga. Isso não quer dizer que a pobreza acabe, mas pobres também são renovados. O segundo processo é o da transição demográfica de nossos países, que se deu igualmente com enorme rapidez. A taxa de crescimento diminuiu muito no Brasil. A população cresce 1,1% ao ano. Nos anos 60/70 era muito alta: a taxa de fecundidade era de mais ou menos 5 filhos por mulher, hoje se aproxima de 2,1/2,2.

Sociedades desse tipo, para se manterem democrática, vão depender crescentemente da liderança. Eu sei que o tema não é agradável para o populismo reinante, que acha que democracia depende só da participação direta e que a liderança é um fenômeno super estrutural, por assim dizer. Isto é um equívoco. Na sociedade contemporânea, as formas de coesão são mais móveis, fluidas, e não como as do passado, baseadas na comunidade, na família, na relação estável, na mesma cidade. Se não houver capacidade na sociedade de emitir certos sinais de coesão, e das pessoas acreditarem que há um caminho, portanto, liderança, é difícil que essas sociedades se mantenham dentro de um molde democrático aceitável. É um tanto paradoxal. No passado se acreditava que a presença de um líder forte era o risco da democracia, porque podia se jogar contra o aparelho democrático existente. Hoje, assim como eu disse, essas formas novas de integração são complementares às estruturas mais tradicionais. Eu diria que a liderança democrática sublinho democrática é a liderança que se exerce respeitando a legalidade existente, as formas de legitimação e que, ao mesmo tempo, tem uma capacidade de comunicação mais direta com os setores que estão o tempo todo reivindicando alguma coisa.

Esse é o panorama no qual nos movemos na América Latina, num mundo de liberdade, um mundo em que os meios de comunicação facilitam a manifestação e requerem liberdade.

Houve também, é verdade, um renascimento de questões arcaicas, que ganharam contemporaneidade. Basta pensar na Bolívia, para não falar do Equador, ou no Sul do México, ou de outros países em que há populações, às vezes majoritárias, que são culturalmente e etnicamente diferentes da população dominante.

Como fica a democracia diante disto que existe há séculos? Poderá entrar em crise ou não, não há fatalidade na história. Isto dependerá sempre da capacidade das lideranças, do fortalecimento simultâneo das regras, da institucionalidade. Deixe-me relatar um episódio a que eu assisti na Bolívia, em 2003. Eu já não era presidente e fui a uma cúpula de presidentes para apresentar um relatório para reformar o sistema de cúpulas ibero-americanas. O presidente da Bolívia, Carlos Mesa, que é um intelectual, fez uma negociação com a liderança dos movimentos indígenas. Eles estavam se articulando para se manifestar contra a reunião da cúpula – cúpulas são sempre mal vistas. Mesa permitiu que o representante dos movimentos indígenas se dirigisse aos chefes de Estado em uma sessão solene. Foi um dos movimentos mais interessantes que eu presenciei. Esse líder – que eu não sei quem era; em trajes típicos, não sei também de que etnia – começou a desfilar suas reivindicações diante de toda a cúpula de presidentes. Naturalmente tratou os reis da Espanha de você, assim como os líderes de Portugal e da Bolívia, dizendo "vocês vieram aqui e nos ocuparam..."

PRESIDENTES
DA AMÉRICA LATINA

Era muito curioso tudo isto. Em meio a reivindicações pela volta de certos mecanismos tradicionais indígenas de divisão da terra e produção, de repente propõem o casamento de homossexuais. Por quê? Porque eles tinham ligação com as ONG's internacionais. Este é o mundo, e não há contradição nisso. Não pensem que o líder indígena do Peru, ou da Bolívia, só porque está reivindicando por sua etnia, esteja fora do mundo contemporâneo. Ele não está! É mais complexo do que isso: não é a volta ao arcaico; é o resgate, no moderno, daquilo que foi a falta de participação durante séculos. Não tem nada a ver diretamente com os movimentos de classe trabalhadora. Está no jogo da democracia, como é que se resolve isso? Qual vai ser o processo de integração desse tipo de pressão? Quando é uma comunidade nacional é uma característica, quando é uma questão regional, como no México, tem outras características.

Bom, esses são os desafios. Nós temos tido uma relativa capacidade de enfrentá-los em nível de continente. Não sejamos pessimistas. Vejamos a Argentina. Ali houve momentos de quase desespero, mas, por caminhos um tanto tortuosos, que não são aqueles que alguns de nós recomendamos pelo menos, a Argentina conseguiu a volta a uma certa legitimidade.

Chama-me a atenção o Uruguai, um país completamente diferente desses que eu mencionei antes. É mais parecido com o Chile, mais homogêneo, mais integrado, não tem população indígena porque a mataram no passado; é, enfim, um país mais europeu em certo sentido. Pois bem, o que aconteceu lá recentemente? Houve uma votação que rompeu o equilíbrio tradicional dos dois partidos Colorado e Blanco que governaram o país desde sempre. De repente, vem a Frente Ampla com formação de guerrilheiros, que estavam lá no passado, os Tupamaros, ex-comunistas, socialistas, libertários enfim. Que risco isto poderia ter para a democracia? A meu ver nenhum. O presidente Tabaré Vázquez, que eu conhecia superficialmente e agora conheço melhor, é um homem absolutamente sensato, como se diz. As estruturas uruguaias não estão sendo abaladas por uma pressão que não seja capaz de ser processada pelo sistema político existente. É um molde diferente, como é também no Chile, dessas sociedades multitudinárias como Brasil, Argentina, México, Peru, Colômbia, caracterizadas por massas urbanas. Alguns países, como o Chile, conseguiram avançar muito na direção de uma compatibilidade entre as expectativas da população dentro das regras do jogo democrático, essencialmente em razão da liderança que foi capaz de gerar certa convergência.

Este é um desafio que nós brasileiros temos. Acho que conseguimos, no Brasil, em certos setores da área econômica, algum grau de convergência, muito mal visto por outros setores do segmento político que criticam muito o governo atual por não ter rompido com tudo o que foi feito no passado. Hoje estão sabendo que "os louros que colhem são aqueles que vêm do que foi plantado no passado". Não me dá a sensação de que o governo atual esteja com vontade de podar essas árvores.

Mas a convergência a que nós chegamos ainda é muito pequena no Brasil, é pequena no México. Não sei em que extensão ela existe na Argentina, É claro que muita coisa precisa mudar e é até possível mudar tudo, mas nós temos que saber o que é fundamental para perseverar. Qual foi o milagre do Chile, em termos de economia e de democracia? Qual foi o milagre da Espanha? Foi simplesmente a capacidade de suas elites dirigentes de definirem um mínimo de objetivos e perseverar neles. No caso do Chile, é de uma maneira para mim surpreendente, porque eu vivi lá nos anos 60. Na época, ser democrata cristão era uma coisa e ser socialista era outra. Hoje ambos os partidos estão juntos dentro da chamada Concertación. Não são a mesma coisa? Porém definir o mínimo de uma união comum, e por que esse divisor comum foi aceito pela cidadania? E por que o governo foi eficiente? Foi capaz de ter resultados? Caiu a pobreza, melhorou a educação, melhorou a saúde. Ser mais sensíveis ao povo dá a sensação de que o Chile entra no rol dos países de democracia madura.

No México, esse processo não avançou tanto. O presidente Vicente Fox foi o primeiro depois da era do PRI (N. DO E. – PARTIDO REVO-

LUCIONÁRIO INSTITUCIONAL). Ernesto Zedillo teve papel extraordinário na transição, deixando quebrar a estrutura tradicional do PRI sem interferir, digamos, nos setores mais conservadores. Mas o sistema político mexicano não foi capaz de avançar muito, como no Brasil. Apesar de nossas diferenças, avançamos certas reformas, modernizamos o Estado, tivemos que fazer certas privatizações,abrimos um pouco mais a economia. O México não foi capaz disto, porque o Congresso é um bloqueio à força modernizadora, e o Partido do presidente e ele próprio não tiveram condições ou capacidade para liderar um processo mais transformador.

O mundo de hoje caminha com velocidade imensa. Olhamos para a China e para a Índia, não sei para quem o México olha e nós, no Brasil, ficamos assustados porque nós não estamos avançando suficientemente. Porque nós não conseguimos o que os chilenos conseguiram? Porque isso vem junto com a democracia, e o amadurecimento da democracia depende da nossa capacidade de uma certa convergência de políticas. Não se trata de aderir ao governo, de ter lugar no ministério!

Se nós não fizermos uma revolução mais profunda da educação, não vamos competir com o mundo. A educação é fator chave, hoje em dia, para a democracia e para o progresso econômico-social. Precisamos definir quais são os nossos objetivos nessa área. Isto não requer um iluminado. Iluminados nós temos em quantidade. É preciso que o país sinta que haja um suporte nacional efetivo para um rumo que se possa dar. Um país não se faz com uma dispersão de objetivos. E quais são os objetivos dos quais nós vamos nos concentrar? Dá para viver num país onde haja áreas territoriais sem controle do Estado? Veja a Colômbia, como sofre para retomar o controle do Estado sob certas partes do território. Será que nós não temos áreas de contrabando de droga, onde não existe Estado? Onde para você entrar precisa de permissão, não do Estado, do governo, mas pedir permissão ao chefe da gangue? Isso não é possível. Nós temos que atacar esse problema, a educação, a segurança. É possível para um país manter a democracia sem acelerar a justiça? O acesso à justiça, à rapidez na justiça. O que é um Estado de direito? Como é que eu asseguro meu direito?

Outro dia eu recebi em minha casa um envelope que me comunicava que eu tinha ganhado uma causa. A Ruth também recebera um envelope com comunicação similar. Eu não sabia de que se tratava. Era causa pequena, dos anos 80, que agora chegara ao final! Demorou vinte anos para chegar a uma decisão. É possível isso? Imagine quanto pode demorar a quem não foi presidente! Nós podemos falar com propriedade em democracia sem direitos assegurados?

Bom, em suma, são muitos desafios, e eu não quero desanimá-los porque eu continuo animado. Eu acho que nós avançamos muito, acho que temos condições de avançar mais, mas precisamos realmente tomar um rumo mais firme como país para fortalecer o processo democrático e perseverar nele.

Nós não podemos deixar que o nosso sistema político representativo se esgote e ele esta se esgotando. Nós temos que nos renovar profundamente. Nós temos que mexer no sistema eleitoral e no partidário. Não são temas populares, são complexos, mas temos que entrar nessas questões, porque está havendo uma separação muito grande entre governo e população. Isto é preocupante. Então eu acho que aqui, ao falar também para líderes, está na hora de a liderança enfrentar com forças estas questões e falar ao país. Numa democracia não tem outro mecanismo de renovação a não ser esse. É público, é dizer as coisas, é tentar com argumento sensibilizar. Com um pouquinho de emoção eu sempre cito uma frase do Max Weber, um dos meus autores preferidos, que diz o seguinte: "Na política é preciso fazer como se estivéssemos serrando uma madeira, uma tora, você tem que ter perspectiva e paixão para poder continuar tentando chegar lá". Nós precisamos de novo no Brasil de perspectiva e paixão.

FERNANDO HENRIQUE CARDOSO

DEBATE

Pedro Malan:

É um privilégio estar no Memorial da América Latina, no primeiro de uma série de depoimentos, que estou seguro será extraordinária, de ex-presidentes latino-americanos sobre suas experiências e seus países. Acabamos de assistir a uma apresentação que, no meu entender, inaugura com brilhantismo esta rodada de eventos, cujo objetivo é avaliar as questões político-econômicas e sociais de países do Continente.

Quando Celso Lafer insistiu para que eu o substituísse aqui, nesta tarde, eu disse: "Celso, ao ler o nome dos participantes, concluí que qualquer um deles poderia desempenhar este papel com muito mais competência, eficiência do que eu." É por insistência do Celso que estou aqui, e prometo ser breve, simplesmente passar a palavra aos comentaristas. Mas eu não poderia deixar de fazer rápidos comentários sobre o que nós acabamos de ouvir, precedidos de um fato histórico. Nos últimos setenta e cinco anos, quer dizer, mais de três quartos de século, tivemos dois presidentes civis eleitos diretamente pelo voto popular que também passaram o cargo a um outro presidente, também civil, e também eleito diretamente pelo voto popular: Juscelino Kubitschek de Oliveira e Fernando Henrique Cardoso. O presidente Luiz Inácio Lula da Silva será o terceiro em algum momento, e, será pela primeira vez que nós teremos dois presidentes consecutivos passando o cargo a um terceiro também civil, também eleito diretamente pelo voto popular. Isto está relacionado com a consolidação da democracia entre nós, tão bem enfatizada pelo presidente Fernando Henrique Cardoso. Eu achei da maior importância o fato de ele ter mencionado aqui, que esta construção democrática depende de certo tipo de liderança nas sociedades civis e nos governos, que sejam capazes de situar o país, sua história, seu passado, entender os desafios do presente, explicá-los à opinião pública de que consistem estes desafios e ter uma visão realista das possibilidades de construção do futuro.

Eu só queria mencionar que Fernando Henrique Cardoso insistiu em sua trajetória de América Latina iniciada nos anos 50. Naquela época nossa população era da ordem de 50 milhões de pessoas (estou arredondando os números), dos quais metade era analfabeta e dois terços viviam no campo. Hoje, somos mais de 180 milhões, 82% vivendo nas cidades. Portanto, passamos de uma população urbana de cerca de 17 milhões de pessoas para 147 milhões, um aumento de 130 milhões nas cidades em pouco mais de meio século, que é um curto período na história de um povo. Isso significa, notou bem o presidente, uma enorme demanda, bem como a necessidade de investimentos em infra-estrutura urbana, capital social básico, educação, gente.

Não posso deixar de mencionar um fato relevante, abordado em uma conversa recente com economistas da nova geração. Durante um seminário, eles notaram que o Brasil e os textos da Cepal (N. DO E. – COMISSÃO ECONÔMICA DA AMÉRICA LATINA), assim como muitos economistas da antiga geração atribuíam pouco valor à educação. Naquela ocasião, lembrei a todos que havia uma razão para isto. Em meados dos anos 50, na Cepal, a principal influência intelectual era de chilenos, argentinos e uruguaios. Para eles, a questão não se colocava, uma vez que haviam investido pesadamente na educação pública desde o século 19. Analfabetismo, carência de ensino básico e fundamental não eram um problema. No Brasil, ao contrário, eram e ainda são. Estamos, portanto, atrasados e fico feliz ao ouvir o presidente Fernando Henrique chamar a atenção para o tema.

Meu último ponto, que eu espero ver focalizado por algum dos moderadores, lembra que o Brasil tem legítimas pretensões e ambições de ter mais peso, voz, prestígio, influência; enfim, poder no mundo. Em seu conjunto, ser um protagonista no contexto das nações. O fato é que tal posição depende fundamentalmente de mostrarmos nossa capacidade ao resto do mundo, e, sobretudo, a nós mesmos. Se não formos capazes de mostrarmos a nós mesmos, não conseguiremos mostrar ao resto do mundo que somos capazes de equacionar nossos numerosos e inegáveis problemas, e competir. O presidente usou aqui a expressão "competição entre países", e eu só queria chamar a atenção para o fato de que países não competem tanto enquanto países, países competem por meio de suas empresas, de sua eficiência, de produtividade, de sua capacidade de se situarem no mundo. Competem também pela qualidade de seus governos, pela efetividade do funcionamento de suas instituições, pelos seus poderes legislativo e judiciário, e pelo capital humano. Aquilo que investem e investiram no passado, no seu principal ativo que é sua gente.

O presidente mencionou, com toda a razão, uma lição de Felipe González. É preciso escolher alguns poucos temas, se concentrar neles, persistir neles. É uma lição que encontra no presidente Fernando Henrique Cardoso um exemplo importante. Bons presidentes não são aqueles capazes de lapidar e garimpar as convergências possíveis no consenso que nós temos dificuldade de encontrar, mas naquelas convergências possíveis de ampliar seu espaço, ampliar seu escol e fazer com que um número reduzido delas possa ser percebido como de interesse da maioria. Eu acho que é isso que está em discussão aqui, agora: a busca da convergência em torno de certas questões.

Um exemplo mencionado pelo presidente Fernando Henrique Cardoso, que tenho a certeza de que será tratado por outros moderadores, é a transição madura e civilizada entre sua administração e a do Presidente Lula.

Espero não estar equivocado, mas na área econômica sobre a qual eu posso falar um pouco mais, tal convergência se deu, em larga medida, porque se conseguiu que a maioria da população brasileira hoje considera que é responsabilidade de qualquer governo, qualquer que seja sua ideologia, sua coloração político- partidária, manter a inflação sobre controle, ter responsabilidade fiscal, respeitar a restrição orçamentária, saber que os recursos públicos são escassos, definir prioridades e, finalmente, saber que muitas vezes é preciso dizer não. Isso é uma convergência importante na área econômica, mas que tem implicações também nas convergências possíveis que possam ser encontradas em outras áreas, que não na área da economia, e que serão tratadas aqui pelos palestrantes.

Quero terminar dizendo que essa liderança democrática, a que o presidente se referiu, é tão imprescindível no processo de consolidação da democracia, que deveria prescindir de messiânicos, salvadores da pátria, voluntaristas. Deveria prescindir do exercício de autoritarismo ou da demagogia com promessas que têm pouca relação com aquela lição que (os marxistas sabem isso desde o Dezoito Brumário)diz: " os homens fazem a sua própria história, mas não com bem entendem". Mas a partir de circunstâncias legadas pelo passado, pelo seu entendimento da natureza e dos desafios do momento presente, e pela sua capacidade de sonhar o sonho realista, porque a função da política é tentar transformar em possível aquilo que parece impossível ou mesmo difícil.

Em oito anos, o presidente Fernando Henrique Cardoso mostrou, não em discursos históricos e acadêmicos, mas na prática, que é possível, desejável e factível fazer isso e persistir nessa empreitada para o futuro do país.

BORIS FAUSTO:

Queria, em primeiro lugar, agradecer o convite para participar deste debate que se realiza a partir da exposição do presidente Fernando Henrique. Eu gostaria de tocar em vários aspectos da palestra de Fernando Henrique, entre eles no tema da integração da América Latina. Sou de uma época em que do ponto de vista do Brasil, a América Latina era quase uma desconhecida. Eu e Fernando Henrique somos da mesma geração, uma geração que tinha um interesse muito pequeno pelos outros países da América Latina, a tal ponto que falávamos: "América Latina e Brasil", como se o Brasil não fosse América Latina, e eu ouvi isso dito mais de uma vez. De alguma maneira esse quadro de ignorância vem sendo superado. Um dos fatores que contribuiu para isso foi o Golpe Militar de 1964, e o AI5 de 1968. Quer dizer esses momentos obscuros da história brasileira conduziram muitos intelectuais e políticos a outros países da América Latina e, além de outras circunstâncias, ajudaram a dar início a um processo de integração, pelo menos intelectualmente, no terreno da linguagem, a integrar os diferentes países da região, ou a intelectualidade latino-americana. E nós avançamos nesse processo eu acredito inclusive que uma maior integração pressupõe uma igualdade de princípios, uma identidade de princípios, sobretudo de ordem democrática.

Nós vemos, então, um país como o Chile, que passou por Pinochet, e hoje vive um momento, pode-se dizer, brilhante da sua história no governo da Concertación. Quando lemos os casos da Argentina, do Brasil, do Uruguai, encontramos razões para acreditar que algum grau importante de integração foi realizado

PRESIDENTES
DA AMÉRICA LATINA

e que essa integração tem como um de seus pressupostos a afirmação democrática. Então vamos bem. Não, eu diria que não vamos tão bem assim. Acho que a América Latina progrediu bastante no sentido mais geral da integração, mas tem imensos problemas para chegar ao fim do processo, não porque não haja final num processo dessa natureza, mas porque é preciso alcançar um avanço "palpável" e profundamente significativo.

E creio que os problemas que nós enfrentamos hoje se referem a certos pontos abordados pelo presidente Fernando Henrique na sua exposição. Quer dizer, qualquer que seja o grau de desenvolvimento das nações nos últimos tempos, e nós sabemos que a América Latina em geral avançou muito menos do que a Ásia do ponto de vista econômico. Na realidade, o fato é que nós temos problemas sérios de integração de massas marginalizadas nas cidades, e não é por acaso que uma pesquisa recente do IBGE (N. DO E. – INSTITUTO BRASILEIRO DE GEOGRAFIA E ESTATÍSTICA) apontou que a grande pobreza, a grande marginalidade, encontra-se nas grandes capitais e não mais no mundo rural. Nós temos este problema em graus variáveis, nos diferentes países da América Latina, e temos um problema de etnias que, como também disse o presidente Fernando Henrique, etnias que têm a sua estrutura e a sua cultura peculiar, que não é nenhuma cultura do atraso nem a cultura do bom selvagem, mas é uma cultura peculiar que busca se afirmar.

Esses novos fenômenos marcam uma globalização que resultou em muitos benefícios, mas também gerou a informalidade na área do trabalho e, conseqüentemente, acarretou o desemprego. Todo esse quadro é a base, digamos assim, estrutural, para simplificar brutalmente uma séria instabilidade que afeta os nossos países e coloca em risco o regime democrático. Eu talvez não devesse citar, mas não tenho razões para ser cordial nem diplomático. Penso que, realmente, há sinais bastante preocupantes da emergência de um neopopulismo extremamente agressivo e que está corporificado no momento na figura do presidente da Venezuela, Hugo Chávez.

Para terminar, eu diria que a América Latina tem condições de se integrar. Avançou nesse ponto, afirmou princípios democráticos em alguns países de uma forma bem notória, mas corre o risco de sucumbir ao neopopulismo o risco de ficar em mãos de heróis salvadores está à vista em alguns países. É isso.

PEDRO MALAN:
Passo a palavra ao professor Bolívar Lamounier. Assim como os demais palestrantes ele dispensa apresentações. É autor de um excelente livro recém – publicado que situa, em perspectiva histórica, o desenvolvimento político e o processo de construção da democracia no Brasil, da independência a Lula, uma leitura altamente recomendável.

BOLÍVAR LAMOUNIER:

Realmente, dentro do amplo e extraordinariamente arguto panorama que o presidente Fernando Henrique Cardoso apresentou, eu vou apenas selecionar três ou quatro pontos para um breve rodapé, um pequeno comentário, talvez uma rápida avaliação.

Primeiro me pareceu que a estrutura da exposição do presidente Fernando Henrique baseou-se em um contraste entre as dificuldades que nós tínhamos antes do período militar na América Latina e as complexidades de hoje. De certa maneira, antes do período militar na América Latina e claramente no Brasil, nós imaginávamos que a democracia não fosse possível por ser muito difícil, uma vez que faltava complexidade à sociedade. Vivíamos em um começo de desenvolvimento, não havia organização, não havia sociedade civil. Hoje, nos espanta um pouco, e às vezes nos aterroriza, a complexidade da sociedade, as novidades que aparecem todos os dias, as novas formas de comunicação. E tudo que é surpreendente cria esta impressão de distância entre o sistema político e a sociedade. O comentário que eu faria é o seguinte: pensando sobre América Latina, e talvez particularmente sobre o caso brasileiro, é um ingrediente, uma mola importante do processo que nós vivemos durante o período ditatorial e a redemocratização. Aprendemos a relativizar essas dificuldades e os grilhões do passado. Refletimos que eles, de fato, dificultavam e dificultam, mas não impedem; não é da mecânica deles que a democracia depende. Eu acho que o mesmo raciocínio se aplica ao presente: assumem-se coisas complexas e é preciso lidar com elas, as lideranças políticas têm que estar atentas, mas elas não impedem que sejam até testemunhas muito favoráveis (esse é um ponto muito importante). Conseqüência ao coronário disto é que hoje vemos no cenário internacional o conceito de universalização da democracia. Hoje, ao contrário do que nós pensávamos no Brasil, no início do século XX, principalmente no final do século XIX, não existe mais internacionalmente a noção de que um país só pode pensar em democracia depois de alcançar certo grau de desenvolvimento de escolaridade, por exemplo. Quer-se universalizar a democracia e se trabalhar nas condições que forem dadas para que ela nasça, mesmo em condições extraordinariamente adversas. Então, eu acho que isso envolve outra visão da história, da política, do que é de fato a democracia.

O segundo ponto, é que nós, neste processo de democratização, também aprendemos a valorizar a democracia como objetivo, e a valorizar as instituições. Hoje estamos aqui preocupados, debatendo há vários anos se é melhor tal sistema de governo, tal sistema eleitoral... É claro que são questões infinitamente complexas, mas nós estamos discutindo, antes não discutíamos instituições, porque não acreditávamos nelas. Tínhamos a idéia de que, um dia, nós iríamos ser democráticos em função do desenvolvimento econômico, da modernização. Então passamos a valorizar as instituições porque elas são o arcabouço, a estrutura, a moldura das democracias e é preciso cuidar delas, tratar delas, confiar nelas e defendê-las. Portanto, eu acho que esse é um aprendizado importantíssimo.

Agora, é claro, que nós também corremos o risco de resvalar para uma certa tendência de achar que nós só vamos ter a democracia dos sonhos quando as instituições forem aquelas de nossos sonhos. Então vamos também ser realistas a respeito disso, não há instituições dos sonhos, todos os formatos institucionais são controversos, difíceis, escolhas penosas. E nós não podemos imaginar que a cada crise, a cada desencanto, a cada tormento que ocorra na América Latina vamos procurar a reforma institucional correspondente. Nós enveredamos por um raciocínio sem saída, isso me leva a tocar em um outro aspecto que eu acho uma lição, aprendizado importante no processo de democratização que é o aparecimento de lideranças, não de duas ou três, mas muitas, centenas delas, em todos os países com a convicção da democracia. O presidente Fernando Henrique Cardoso falou um pouco sobre isso, deixou um entrever com relação a este problema, como toda a questão da liderança política, o que é a política na verdade, do ângulo de quem participou, de quem presidiu, de quem teve um papel relevante. Mas este é um ponto muito importante, nós na América Latina sentimos que há um distanciamento entre o sistema político e a sociedade, que há períodos de desencanto, e imediatamente atribuímos isso a certas causas, entre elas as demandas sociais não atendidas, as instituições que não correspondem, mas talvez haja realmente um problema de educação política. As lideranças, tendo convicção do que fazem, tendo a convicção de que mesmo sem violar as normas escritas da democracia podem violar o espírito. Há pouco o Boris falava do neopopulismo que há por aí, na minha opinião, uma violência ao espírito da democracia, ainda que não são seja contra a forma, este é um problema importante.

Há a questão também do cidadão: não existe a possibilidade, teórica, e historicamente é muito pouco plausível, de atendermos a todas as demandas, uma vez que parte significativa delas está na esfera econômica. Então, é preciso também que do lado do cidadão de qualquer país haja um processo de realismo político, que é o que se pode esperar da esfera pública porque ela é necessária, o que ela significa como arcabouço da vida civilizada, de convívio pacífico, e o que se pode esperar dela em termos de melhoria individual, familiar e geral. Não se pode esperar tudo, pode-se esperar uma fração quanto ao cidadão, mas não se pode esperar milagres, isso evidentemente falta à América Latina. Há um paternalismo ou, ao contrário, há uma expectativa do paternalismo, e isso também contribui para o excesso de pressão e para a desestabilização.

Então, eu penso que no decorrer das discussões, de todas que nós vamos ter este ano aqui no Memorial, e no Brasil, é preciso realmente pensar mais profunda e explicitamente sobre o que é a própria política. A política democrática, sobretudo, é uma atividade difícil, limitada quanto aos meios e aos fins. Quanto aos meios, porque é uma atividade moral, você não pode usar qualquer meio, isso é obvio, a constituição diz quais você pode utilizar para buscar o poder. Mas também é limitada quanto aos fins, já que não pode prometer qualquer coisa, e não pode tentar qualquer coisa, nem para o bem, nem para o mal. Um exemplo: a África do Sul em 1948 estabeleceu o aparthaid por um voto no parlamento, isso não é o fim da política democrática, isso extrapola o que eu entendo como o âmbito próprio da política democrática, também limitada quanto aos fins. Mas é preciso que se crie nesse relacionamento, neste jogo entre governo, classe política, lideranças, desempenhos com a cidadania, cada vez mais realismo, que é o que se pode esperar do sistema político, o que o sistema político pode realisticamente oferecer aos cidadãos, do contrário não há democracia que agüente.

PEDRO MALAN:
Muito obrigado, vamos chamar o professor Carlos Vogt.

Carlos Vogt:

Bem, em primeiro lugar um registro pessoal: não sei se o presidente Fernando Henrique se lembra, certamente se lembrará, de um encontro que tivemos nos anos 70, em Campinas, na casa do Plínio Dansen, após o Golpe Militar, que culminou na deposição do presidente Allende. Estávamos lá, obviamente ansiosos e na expectativa daquele diálogo. Eu regressava de uma viagem que tinha feito na ocasião por alguns países que viviam processos políticos, – alguns mais outros menos –, com mudanças semelhantes àquilo que Boris mencionou que vem acontecendo também. Um pouquinho antes do golpe, o golpe foi em setembro, eu tinha estado no Chile visitando amigos e companheiros que haviam chegado da França e de outras regiões e estavam vivendo lá. Eu tinha passado também pela Bolívia, onde estava o general Torres na época, pelo Peru onde estava o Alvarat, pelo Uruguai onde havia ocorrido o golpe, e pela Argentina que estava passando por aquele processo dúbio da possível volta do Perón, enfim uma verdadeira salada. E o encontro com o professor Fernando Henrique na ocasião foi extremamente excitante como foi esta palestra, no sentido de proporcionar uma reflexão e também quanto às perspectivas que ele vislumbrava para o desenvolvimento do processo político. Anos depois, o professor Fernando Henrique ingressou na política e eu me lembro de ter feito um comentário com vários amigos: "Será que podemos ter a expectativa e sonhar com a possibilidade de ter na presidência da República uma liderança com essa força, com essa capacidade de reflexão, e que faria um bem danado ao país". E na ocasião achávamos que isso era um sonho distante, mas vimos que na verdade todo o processo político acabou conduzindo a esse resultado e, como disse o Ministro Malan, há uma etapa, um momento de consolidação do processo democrático, não só no exercício de oito anos de presidência, mas também em todo o ritual de passagem da presidência que todos nós temos a expectativa que se repita, não apenas agora na seqüência, mas também em todos os processos vindouros. Portanto, esse é um registro que na verdade retoma um pouco, tem relação com esta questão toda.

O que eu gostaria de abordar, para puxar também a questão do conhecimento, já que nós estamos falando de globalização, de novos cenários. É obviamente uma questão crucial, porque uma das formas de se referir às sociedades contemporâneas é como sociedade do conhecimento, da economia do conhecimento. Estou englobando todo o processo de produção e de vida do conhecimento, que vai de sua geração, da sua difusão pelo ensino, passa pela divulgação, pela consolidação, por sua apropriação densa e pela agregação de valores. O que eu destacaria para o presidente Fernando Henrique comentar é o seguinte: saber se dentro deste cenário de grandes desafios, o desafio do conhecimento, ou os desafios do conhecimento, se caracterize como uma das particularidades, das fortes peculiaridades do mundo contemporâneo. Em um artigo que escrevi há pouco tempo, eu dizia: "Identifico pelo menos três grandes desafios no mundo contemporâneo para o conhecimento: o desafio tecnológico, este que consiste na capacidade de transformar o conhecimento em riqueza e, assim, obviamente, agregar valor econômico-social ao conhecimento; o desafio ecológico que consiste em sabermos nos perguntar se somos capazes, gerando riqueza, de preservar a qualidade de vida no planeta, isto é, a preservar as condições de vida, o desenvolvimento sustentável, e nos perguntar ainda se seremos capazes efetivamente de mudarmos o modo de produção, o modo de consumo, de maneira a garantir esta qualidade de vida e, em terceiro lugar, provavelmente o desafio que consiste, para mim um desafio ético pragmático, em sermos capazes de, gerando riqueza, transformá-la em conhecimento, preservando as qualidades, as condições de vida no planeta ao mesmo tempo, e fazendo tudo com a responsabilidade ético-social necessária para que, evidentemente, estas condições, sejam efetivas".

E, finalmente, englobando tudo isso, e ao reverso do primeiro desafio, é a questão da educação, que é a nossa capacidade de transformação da riqueza em conhecimento. A questão é: o presidente considera que o Brasil está na linha deste desafio, está pronto para

PRESIDENTES
DA AMÉRICA LATINA

responder a estes desafios e como é que nós poderemos efetivamente enfrentá-los?

PEDRO MALAN:

Com a palavra Paulo Moreira Leite, que também dispensa apresentações. Todos aprendemos enormemente com a sua atividade de tentar explicar o Brasil.

PAULO MOREIRA LEITE:

Eu não vou agradecer o fato de estar aqui presente, porque no fundo entrar em um debate depois de uma palestra do professor Fernando Henrique é uma armadilha. Eu duvido que alguém consiga de fato debater, porque o que eu assisti foi um raciocínio completo em uma exposição com começo, meio e fim, que no início são os dramas de um período e, depois, localiza as perplexidades da nossa época.

É difícil debater com um bloco. Então as coisas se encaixaram, o que dá para tentar pensar. Então, vou voltar ao papel de entrevistador, na verdade não sou um debatedor aqui. Acho o seguinte: existe alguma visão, que eu conheço como jornalista há muito tempo. Nos conhecemos também como militantes da democratização, que realmente chega aos nossos dias mostrando um ponto que eu julgo importante, e que nós aqui aprendemos alguma coisa muito mais profunda, e estamos surpresos. A minha primeira surpresa é que para quem se habituou ao professor falando da democratização, do professor falando do crescimento, nós sentimos, e isso nunca é absoluto, um certo pessimismo. Para mim é uma coisa nova esse pessimismo com fundamentos. De certa maneira o país foi democratizado, o Continente foi democratizado e a gente vê, conforme entendi, que a democracia pode estar chegando a uma fronteira perigosa. Quando se vê a Venezuela é isso mesmo, isto é, nós temos uma forma democrática, mas não sabemos até onde vai aquele conteúdo que é estranho. Quando a gente tem esse voto indígena, e vou me aventurar pela generalização, (os jornalistas podem fazer isso, não somos cientistas), vemos que parte da história colonial está em questão. Por exemplo, o Evo Morales, aquele voto indígena do Equador, quer dizer existe uma coisa que nós não imaginávamos. Com certeza, quando Darcy Ribeiro começou a pensar nos povos indígenas era outra coisa; então esse pessimismo para mim é um aspecto sobre o qual eu gostaria de ouvir mais, porque acho importante. Há uma segunda questão, que quando a gente fala do Brasil, e o senhor falou, de favelização, de Argentina (a gente gosta de se comparar com a Argentina, mas alguma semelhança existe, muitas diferenças e algumas semelhanças). Mas nós vemos que no Brasil a nossa urbanização foi muito mais selvagem, talvez ela fosse demograficamente muito mais desafiante, mas o fato é que a nossa situação realmente é muito pior, quer dizer, quem anda pela Argentina hoje, eu estou voltando de dez dias ali com impressões de turista, mas você caminha e pensa "espera aí, há três meses as pessoas diziam que o país tinha acabado". Hoje eles estão respirando, estão enxergando um futuro, você não tem medo de andar pela rua, o taxista deixa a carteira ali e tem certeza de que ninguém vai levá-la. Aí então a minha pergunta, sem personalizar: a gente podia estar melhor? Houve algum momento em que tomamos uma posição x, mas deveríamos ter tomado a opção y? Isso é uma questão. E por fim, eu teria uma última colocação, que no fundo é uma questão também, que diz respeito ao que o senhor falou sobre esse esgotamento democrático. A democracia de certa maneira pode transbordar e cair no populismo, em que todos têm direitos, liberdade, e ninguém consegue governar. E aí há um problema, uma vez que ninguém consegue dar um rumo, no fundo temos uma questão que é o que o senhor falou, é uma maravilha ter direitos, no entanto, é preciso ter liderança, porque se não houver liderança, sem querer recuperar aquele linguajar de 64, vira bagunça. Então, olhando para o futuro, este ano nós teremos eleições. Pergunto: quando se fala em concerto, como o senhor falou, quando se fala em negociação, o que o senhor acha possível, porque a liderança se constrói, ela existe, ela fala, ela comunica, mas ela se constrói. E no Brasil, as lideranças existem, estão aí, quer dizer, não serão inventadas. Como articulá-las?

Porque no fundo elas estão concentradas historicamente, mais do que se pensava. Hoje o Brasil é governado por quem democratizou o país, por quem estava no mesmo palanque das diretas, entretanto como fazer isso? E se isso é para agora, é para depois da eleição, como é que o senhor vê a questão?

PEDRO MALAN:

A não ser que alguns de nossos debatedores exijam fazer uso da palavra neste momento, eu abro mão do meu direito para passar a palavra ao presidente Fernando Henrique.

FERNANDO HENRIQUE CARDOSO:

Não é justo: falo uma hora e meia e me colocam problemas desta magnitude. O touro já está esgotado, não tem mais energia. Mas vamos lá!

Vou começar pelo Paulo, que foi mais direto e provocador. Aliás, sempre foi. Eu me lembro que eu tinha voltado, talvez do Chile, não tenho certeza de onde exatamente, mas, enfim, era professor da USP, e tivemos uma assembléia na Faculdade de Arquitetura, para um debate. Era época de grande excitação, a questão da participação estudantil, a direção das escolas, aquela movimentação toda. Vocês nem imaginam o que era este rapaz naquela época. A moderação que ouvimos aqui hoje, pedindo limite, ele não tinha nenhuma, era chefe da Libilu, e queria me levar para lá, mas não fui.

Bom, ele colocou algumas questões que são interessantes. Em primeiro lugar quero deixar bem claro: não tenho uma visão pessimista, especificamente com relação ao Brasil, e me engajo no que disse o Vogt, eu acho que nós já temos no Brasil, primeiro como sociedade, motor suficiente para fazer o país continuar avançando; segundo, como política, como parte institucional, o que o Bolívar mencionou, existe já uma convicção nas instituições de que elas são importantes, e este quadro é muito diferente do que foi o Brasil algum tempo atrás. Eu acho que o Brasil já chegou a um ponto, e vou dizer uma coisa arriscada, de que não há retrocesso no que se refere aos avanços, e à concepção da democracia. Quando nos referimos à transição de um governo para outro, que representava uma grande oposição e que na verdade durante vinte anos tinha pregado violentamente contra. A transição não foi feita por causa deste governo, em qualquer governo nós fazemos uma transição. Mas assumiu um aspecto mais específico, em função das divergências porque, assim como Pedro Malan levou anos doutrinando quanto à necessidade de se ter pontos de consenso, eu achava que era preciso também que houvesse pontos de consenso no que diz respeito à questão democrática, para mim uma questão fundamental. E o Paulo perguntou se há momentos em que nós poderíamos ter avançado mais. Eu acho que sim. Por exemplo: depois daquela transição, por que o PSDB voltou a ser definido como adversário, inimigo? Por quê? Não precisava. No Chile não foi assim. Isso foi uma decisão, não sei quem tomou. Depois, é uma perda de oportunidade histórica, não é? A Argentina tomou decisões equivocadas em vários momentos de sua história, se você olhar a Argentina no começo do século XX, era um país próspero, e a Argentina nos anos trinta tomou decisões completamente equivocadas que afastou a Argentina de um certo caminho, só retomado mais adiante.

Bom, os países não são condenados ao erro, eles voltam. Acho que não existe uma fatalidade, eles se recuperam. O Brasil mesmo, já avançou, se recuperou, pode avançar mais. Acho que em perspectiva histórica nós avançamos bastante no Brasil. Agora, o Vogt falou da sociedade do conhecimento: é verdade que ele mencionou. Mas nós já temos no Brasil uma certa base que faz a diferença. Eu mencionei de passagem, pois não era o tema, como cada país se integra neste processo do mercado internacional, da globalização. Nem todos podem, como o Boris mencionou, é verdade, o processo de globalização é cruel, ele afasta populações dentro de um país, até continentes. Bom, os efeitos da globalização não foram homogêneos na América Latina, alguns países ficaram bem de fora. Nós não ficamos fora. Entre as razões pelas quais nós não ficamos fora estão fatores não econômicos, como por exemplo, a institucionalização democrática, que é fundamental, o respeito ao estado de direito e às leis; em segundo lugar, o conhecimento, quer dizer a capacidade já instalada no Brasil. Um país que foi capaz de fazer pesquisa de petróleo em águas profundas, desenvolver tecnologia, de fazer aviões competitivos, de avançar significativamente na área agrícola com a Embrapa (N. DO E. – EMPRESA BRASILEIRA DE PESQUISA AGROPECUÁRIA), e não só a Embrapa, já existem elementos muito presentes na nossa vida que permitem ao Brasil uma participação mais satisfatória. Eu não sou pessimista.

Não obstante, acho, voltando a seu tema, que esta questão das lideranças, como Bolívar assinalou, é fundamental. Agora eu também concordo com o Bolívar, nós temos que ser realistas, isso é uma espécie de paradoxo, ninguém faz nada na vida, sem paixão, sem um sonho, sem uma utopia. Mas eu costumo usar uma frase contraditória, uma utopia viável, que é uma contradição nos termos. Quer dizer, não pode ser simplesmente algo que não tenha um caminho, o líder não é aquele que aponta um objetivo, é o que traça o caminho; o líder que aponta um objetivo é um pregador, ele pode ir para igreja, pode ir até para o céu. Agora, o político que fala o tempo todo somente nos fins últimos, e diz 'eu sou puro', aí não faz nada e acaba impuro. É preciso mostrar o caminho que leve a melhorar e ter uma visão realista, nós temos que caminhar um pouco mais nesta questão de uma visão mais realista, não descarnada, não um realismo cínico. É preciso se pautar por um critério de valores como bem falou Bolívar, há um problema moral envolvido nisso tudo. Também há a questão (que eu tenho pelo menos segundo minha visão) do processo latino-americano hoje, que é desigual, há riscos de neopopulismo, é verdade, eles são mais ou menos óbvios e, ao contrário disso, há o risco muito grande do imobilismo. Há país que não avança, não se movimenta. Bem, voltando à questão que o Paulo colocou, é verdade o que está acontecendo agora em certas regiões, ainda é o caso de tirar a poeira da época colonial. Só que isso não é atraso, é trazer para o contemporâneo um desafio que estava lá, embutido, eu vejo com muito respeito o que está acontecendo na Bolívia, ou o que aconteceu no Equador. Não estou justificando, não sei se a liderança boliviana terá a capacidade de, ao mesmo tempo em que reivindica a etnia, entender que o mundo é outro e avançar, olhar para frente, não fazer política olhando para o passado e nem com espírito de vingança. É preciso olhar com espírito construtivo, mas eles são a expressão de um problema real e é melhor que seja assim, porque o resto é abafar. Então há muita variedade de situações no Continente, e acho que a posição do Brasil não é uma posição de desespero.

A comparação entre Brasil e Argentina, Brasil e Uruguai, ou mesmo Brasil e Chile, é patente, quer dizer, você vai à Argentina e tem essa sensação. Por quê? Porque efetivamente a Argentina fez uma integração há muito mais tempo, a nossa foi multitudinária, esse fato que nós temos, que já mencionei de passagem, a questão da população, e Pedro Malan insistiu nesse ponto que é muito importante, nós somos muitos milhões, muitos milhões, e que de repente vêm do campo para a cidade, da pobreza rural para a cidade, sem mencionar que nós estávamos na escravidão até ontem, que foi a primeira grande onda de marginalização, a abolição. Os ex-escravos saíram do campo para as cidades e foram submetidos pelos imigrantes, que encontravam algum mercado de trabalho, e foi difícil reabsorver essa massa, os dados de educação são claros neste sentido, todos os indicadores mostravam, e ainda mostram, que está melhorando, ainda que o grau de escolaridade da população negra continue mais baixo do que o da população não negra. A Argentina não teve isso, e o peso da escravidão é enorme no Brasil. Nós estamos ainda debatendo estas questões.

Quando eu estava na presidência vi reivindicações dos que são chamados Quilombolas, ninguém nem sabia, terras de ex-escravos até hoje ocupadas que não foram regularizadas, eles sem direito à propriedade, uma espoliação secular. Temos então este processo que a Argentina não tem, o Chile tem no sul o problema indígena, a Argentina terá no norte, mas sem a força do problema negro como no Brasil. A população não branca é quase a metade da população brasileira, e se a população não branca tem um grau de escolaridade mais baixo, significa que uma parte importante da população brasileira não está ainda integrada no novo mundo. Veja, existe ainda um outro lado, que o país está até vencendo, uma vantagem relativa para nós. Nós temos algumas peculiaridades, eu costumo dizer e repetir várias vezes que estamos no extremo Ocidente, nós somos o Ocidente. A grande contribuição à parte mono-ocidental, a nossa formação histórica e cultural, foi negra. Só que esta contribuição negra é muito interessante aqui no Brasil, porque não existe uma cultura negra, a cultura brasileira é mulata. Não são somente as pessoas, a cultura é mulata, houve uma absorção, não é assim nos EUA onde você tem uma cultura negra separada, lá você busca a igualdade pela lei, e todo mundo é igual perante a lei, mas pessoalmente se desprezam, não se dão. Mas na cultura não foi absorvido o que deu ao nosso ocidentalismo um toque muito peculiar, e que dá uma certa vantagem de adaptação a esse mundo que é um mundo em conflito. Veja o que aconteceu na Europa hoje, e se os países como a Espanha, ou como a França, ou mesmo como a Inglaterra e a Alemanha não descobrirem mecanismo culturais (não só econômicos) de integração é um problema seriíssimo, já que há milhões e milhões de pessoas nascidas lá e que não são de lá. Aqui não, nasceu aqui é brasileiro, anda como brasileiro, se veste como brasileiro, fala como

Presidentes da América Latina

brasileiro, isso tem um valor imenso no mundo de hoje que é um mundo cheio de conflitos pela própria violência dos processos econômicos e sociais. Então isso me faz ser otimista com relação ao Brasil, que vai ter zigue-zagues, toda a história tem, mas nós podemos não errar mais, ou não errar tanto.

Você perguntou de eleição, eu não quero entrar no conjuntural, no conjuntural vamos nos definir como adversários, vamos à guerra e na guerra é como na guerra. Mas não é historicamente o melhor, e não digo que seja isso dos partidos, pode ser que tenham cores diferentes, mas algumas formas de convergências são necessárias, e de perseverança também. Foi o Pedro Malan que falou do Felipe Gonzáles, e a Espanha para mim é um exemplo extraordinário. Eu repito sempre a mesma história: fui à Espanha pela primeira vez em 1960/61; conheci a Espanha pobre, comparada a São Paulo daquela época. Hoje a renda per capita da Espanha é de vinte seis mil dólares, em 1960 era de trezentos dólares; hoje nós temos quanto, seis mil, a Espanha tem vinte e seis mil. Não foi milagre! Eu sou amigo de uma pessoa que foi ministro do Filipe (N. do E. – Felipe González), e você conhece o José Maria Maraval, colega nosso, foi ministro da Educação, inquieto ele. Eu participei bastante do processo espanhol, às vezes realizava seminários, discussões. E eu disse: "o que está acontecendo aqui?" E ele me mandou vários trabalhos, com vários números, estava havendo uma transformação profunda na educação, na previdência social, na legislação de proteção ao trabalho, não só na economia. Somou-se a isso a integração na Europa, mas a Espanha tomou uma decisão drástica. Eu assisti, estava lá também quando houve o plebiscito para saber se entrava ou não para a Otan (N. do E. – Organização do Tratado do Atlântico Norte), ou seja, eles iriam ficar subordinados aos americanos, e aquilo era beijar a cruz. Ou faz isso, ou não tem integração na Europa. O partido socialista sob o comando de Felipe González votou sim, e a Espanha se integrou à Europa.

Eu assisti em Portugal à mesma discussão, com Mário Soares. Naquela época diziam que Mário Soares era de direita, no final agora ele é esquerdista. Mas diziam que ele era de direita, mas ele não era de direita, era realista, estava tentando adaptar Portugal, e havia um debate no país muito intenso. Uma vez fui até lá com Celso Furtado e participamos de discussões, estavam muitos teóricos da seguinte posição: "Portugal tem que ser a cabeça da África do terceiro mundo", e outros diziam: "não tem que entrar para a Europa". Venceu o ponto de vista europeu, isto foi dramático.

No Brasil nós ainda não sabemos o que somos. Essas questões têm que ser resolvidas; nós ainda ficamos na dúvida, o que nós somos? Nós vamos jogar o jogo dos grandes? Mas com que roupa? Com a roupa do conselho de segurança? Nós não temos mecanismos de poder para isso. Por que nós não entramos no CDE?

Não porque o Brasil não é um país rico". Nós temos que tomar uma decisão, nós não tomamos. Quando digo nós, não são os partidos, e sim a própria população, mesmo os próprios interessados, eu mencionei a Alca aqui. Não tem coisa mais divisível do que levantar a questão da Alca, porque uns querem, outros não querem, uns têm medo, outros não têm. É claro que isso depende também em que setor da economia a pessoa está, mas em termos de interesses brasileiros convém ou não convém? Não se toma decisão, então se fica postergando, de repente voltam-se quase como terceiromundistas: "Ah!, como era bom o tempo dos militares, o General Geisel". O General Geisel virou o ídolo de certos setores de esquerda, por quê? Porque apoiava o votocionista, aquela coisa toda? O Timor Leste, não abriram a boca por que? Porque o progressista fez isso? Porque nós não sabemos ainda onde nos situamos no mundo, e o que quer verdadeiramente dar uma avançada progressista neste mundo. Nós refletimos um mundo que está acabando, e nos posicionamos, até ideologicamente, em função de um mundo que já está indo embora. De repente, se sonha "há mais o Brasil com a Índia e a China unidos"; eu digo: "contra quem?" Contra os americanos. Perguntem aos chineses que estão lá absorvendo todos os títulos americanos, investindo na China. Quer dizer, essas questões são importantes como discussão nacional, e configuram cimento de um futuro. Agora dito isso, não quer dizer que não haja solução. Não, não. Eu acho que nós temos que colocar estas questões, colocar em um trabalho pedagógico, acho que é preciso na ordem do realismo uma espécie de "desidioalização" dos problemas. Não quer dizer que não existam posições diferentes, você não pode ficar cego por uma visão e todo o tempo você reduz aquela visão, porque aí você não vê o novo. A questão fundamental, e vou terminar por aqui, é que a história é curiosa, vive do futuro e não do passado, a história de um país depende da capacidade de você antever o futuro, daí você constrói a história, e é claro que não constrói qualquer história. Eu não sabia que Pedro Malan era tão marxista como mostrou hoje aqui, citando Dezoito Brumário, mas eu que posso ser mais facilmente acomodado nesta rubrica, acho que se sabe que não é qualquer história, mas é preciso olhar para frente. Então a minha palavra final é esta: vamos continuar olhando para frente, mas com cuidado senão a gente cai no buraco.

Fernando Henrique Cardoso

Expositor e seus Debatedores

FERNANDO HENRIQUE CARDOSO

Sociólogo formado pela Universidade de São Paulo, Fernando Henrique Cardoso (Rio de Janeiro, 18 de junho de 1931) foi senador por São Paulo e ministro da Fazenda no governo de Itamar Franco (1993 a 1994). Como ministro da Fazenda implantou o chamado Plano Real de estabilização econômica que contribuiu para sua vitória nas eleições presidenciais de 1994. Co-fundador do Partido da Social Democracia Brasileira, Cardoso foi presidente por dois mandatos consecutivos, de 1995 a 2003. No primeiro, deu continuidade à política de estabilidade, e no segundo enfrentou uma grave crise financeira provocada por diferentes crises internacionais ocorridas no período. É autor de várias obras sobre desenvolvimento econômico, defensor de uma das correntes do Paradigma Globalista das Relações Internacionais, que sugere uma associação entre os países subdesenvolvidos para livrá-los da dependência das grandes potências.

Coordenador PEDRO MALAN

Pedro Sampaio Malan é formado em Engenharia Elétrica pela Pontifícia Universidade Católica do Rio de Janeiro e PhD em Economia pela Universidade de Berkeley da Califórnia. Entre outras atividades, foi diretor executivo do Banco Mundial, de 1986 a 1990 e de 1992 a 1993, e presidente do Banco Central do Brasil de 1993 a 1994, quando foi nomeado ministro da Fazenda, cargo que ocupou durante os oito anos de mandato do presidente Fernando Henrique Cardoso, de 1995 a 2003. É professor do Departamento de Economia da PUC Rio de Janeiro(Pontifícia Universidade Católica do Rio de Janeiro). Atualmente é presidente do conselho de administração do Unibanco. É autor de dezenas de trabalhos sobre Economia e Economia Internacional, publicados no Brasil e no Exterior.

BORIS FAUSTO

Boris Fausto é historiador e cientista político brasíleiro, bacharel em Direito pela Faculdade do Largo de São Francisco da Universidade de São Paulo, doutor e livre docente também pela USP. Desde 1989 é professor do Departamento de Ciências Políticas da Faculdade de Filosofia, Letras e Ciências Humanas da Universidade de São Paulo, e recentemente ingressou para a Academia Brasileira de Ciências. Sua principal obra é A Revolução de 30, de historiografia e história, publicada pela primeira vez em 1970, considerada até hoje um clássico das Ciências Sociais brasileiras. Escreveu também Trabalho Urbano e Conflito Social e Crime e Cotidiano. Escreve freqüentemente artigos para diversos periódicos nacionais, como a Folha de São Paulo.

Bolívar Lamounier

Bolívar Lamounier é doutor em Ciência Política pela Universidade da Califórnia, Los Angeles. Foi fundador e primeiro diretor-presidente do Instituto de Estudos Econômicos, Sociais e Políticos de São Paulo (Idesp), onde permanece como pesquisador sênior e diretor de pesquisa. Também foi membro da Comissão de Estudos Constitucionais (Comissão Afonso Arinos) nomeada pela Presidência da República em 1985 para preparar um anteprojeto da Constituição, e coordenador do programa de estudos sobre a revisão constitucional do Instituto de Estudos Avançados da Universidade de São Paulo, em 1992-93. É membro do Conselho de Orientação Política e Social (Cops) da Federação das Indústrias do Estado de São Paulo (Fiesp), presidente do Conselho Diretor do Centro de Estudos de Opinião Pública (Cesop) da Universidade de Campinas, e membro da Comissão Consultiva sobre a Reforma do Estado, nomeada pelo presidente Fernando Henrique Cardoso, em 1996. É ainda autor de numerosos estudos de Ciência Política publicados no Brasil e no exterior, entre os quais Os Partidos e as Eleições no Brasil (co-autoria com Fernando Henrique Cardoso, São Paulo, Paz e Terra, 1975) e Democracy and Economic Reform in Brazil (in Precarious Balance: Democracy and Economic Reform in Latin America and East Europe, org. Joan Nelson, Overseas Development Council, Washington DC, 1994).

Carlos Vogt

Carlos Vogt é mestre em Letras, Literatura e Lingüística, e doutor em Ciências Humanas. Fez cursos de pós-graduação em Semântica Lingüística na França e nos Estados Unidos. Poeta, foi professor titular de Semântica Lingüística da Universidade de Campinas, e reitor desta mesma instituição de 1990 a 1994. Foi membro do Conselho Deliberativo do Conselho Nacional de Desenvolvimento Científico e Tecnológico de 1997 a 2001, bem como membro do Conselho Administrativo do instituto Roberto Simonsen e Coordenador do laboratório de Estudos Avançados em Jornalismo da Unicamp.

Atualmente, é presidente e membro do Conselho Superior da Fundação de Amparo à

Pesquisa do Estado de São Paulo. Foi também vice-presidente da Sociedade Brasileira para o Progresso da Ciência, de 2001-2005, e é editor Chefe da Revista *Ciência e Cultura Temas e Tendência.*

PAULO MOREIRA LEITE

Repórter especial em Brasília do jornal *O Estado de S. Paulo*, começou carreira como repórter de esporte do *Jornal da Tarde*. Foi correspondente da *Gazeta Mercantil* nos Estados Unidos e trabalhou durante 17 anos na revista *Veja*, da Editora Abril, onde passou por quase todas as editorias até se tornar redator-chefe. Também foi diretor de redação da revista *Época*, da Editora Globo, e ganhou três prêmios Esso de jornalismo em equipe.

Eduardo Duhalde

Argentina

Quero falar sobre um tema para mim apaixonante, que ainda hoje se debate em nossas sociedades, que me coube conduzir durante dois anos e tem a ver com a comunidade sul-americana. Tomando as palavras de um grande filósofo e escritor espanhol, Ortega y Gasset, a integração é um sinal dos tempos, o tema não é recente. Quando digo que é um sinal dos tempos é porque o mundo encontra-se em um processo de integração. No final do século XIX, e em grande parte do século XX, surgiram novas nacionalidades. De aproximadamente 40 países que existiam no princípio de 1900, hoje as Nações Unidas contabilizam 200.

Na Idade Média não havia nações, havia cidades-estado; quem podia fortificar seu castelo se convertia em cidade-estado. Na Idade Moderna, contemporânea, o homem constituiu as nações, as nacionalidades. Mas este processo está chegando a seu final. Começam, na Europa sobretudo, a se apagarem claramente as fronteiras e os estados cedendo parte de sua soberania, que foi e é um dos dogmas mais importantes dos estados nacionais, a processos de integração com outros estados.

O que acontece entre nós? O que acontece na América toda? No Continente nos defrontamos com o que os países da América Central e do Caribe denominaram Caricom (N. DO E. – MERCADO COMUM E COMUNIDADE DO CARIBE) formado em 1973. Nós estamos no Mercosul, com os quatro países originários: Brasil, Argentina, Uruguai e Paraguai, e os membros associados, mas antes de nós, que só temos 15 anos, os andinos conformaram a Comunidade Andina de Nações. Quantos somos os sul-americanos no total? Somos 12 países, os dois últimos agregados à Comunidade Sul-Americana são Suriname e Guiana.

Agora, para que e por que se forma esta comunidade e por quê a sobreposição da Comunidade Andina, da Alalc, criada em 1960, a Associação Latino-Americana de Comércio que depois se converte em Aladi (Associação Latino América de Desenvolvimento e Integração) criada em 1980? Quer dizer: por que vão aparecendo tumultuosamente estas formas de integração? Porque, reiterando Ortega y Gasset, é um sinal dos tempos. O mundo se encontra num processo de integração. No futuro, os intercâmbios não serão entre países, serão entre espaços integrados, entre mercados que negociarão com mercados compatíveis que estão se conformando. E neste processo nos encontramos e, como são temas relativamente novos, há uma confusão: as pessoas discordam do Mercosul se suas atividades estão indo mal, e concordam quando estão indo bem.

Mas o que é este processo de integração que está sendo confundido com o comércio? As pessoas acreditam que este processo de integração é uma associação de livre comércio e não é. A integração significa outra coisa, significa propor-se um destino comum, num espaço comum a todos, com uma justiça comunitária, com um parlamento comunitário. Quer dizer, o nosso espelho, o modelo que nós temos hoje é a União Européia, antes Comunidade Européia. Quero dizer que quando falamos em integração perguntam-me, como no Uruguai: "Por que não podemos vender arroz ao Brasil"? A questão se resolverá, há muitas posições tarifárias e de intercâmbio e a capacidade dos dirigentes de superar inconvenientes que não são resolvidos em um ano nem em dois. Os processos de integração são longos e podem durar décadas. O que temos feito nós, os sul-americanos? Em torno da Comunidade Sul-americana a primeira reunião de presidentes, em Brasília, convocada pelo Presidente Fernando Henrique Cardoso, no ano 2000, e que tinha como antecedente um trabalho do BID (N. DO E. – BANCO INTERAMERICANO DE DESENVOLVIMENTO), falava sobre a integração física dos nossos países, de todos os países sul-americanos.

O trabalho do BID foi tomado como referência: convoca a primeira reunião de presidentes e já começa a se conformar o I-IRSA (N. do E. – Iniciativa para Integração Regional Sul-Americana), um organismo cuja proposta é promover a conectividade física de nossos países. Mas o que significa conexão física? Nós, por exemplo, precisamos de ferrovias que levem nossos carregamentos para o Pacífico, necessitamos de pontes que nos interconectem, estradas, obras precisam ser feitas.

A segunda reunião de presidentes se realizou em Guayaquil, dois anos depois, e lá os governos informaram quais eram as obras regionais e dividiram toda a América do Sul em oito espaços e em todos eles se propunham as obras que precisávamos para nos integrar. O precursor da idéia foi o presidente Lagos do Chile (N. DO E. – RICARDO LAGOS), por isso a reunião no final de 1994 se realizou em Santiago e lá se decidiram as primeiras obras importantes, denominadas obras âncoras, uma vez que eram obras que sustentavam a idéia de integração. Depois, em 8 de dezembro de 1994, em Cuzco, os presidentes decidiram iniciar as nove primeiras obras de integração e aprovaram outras 36 mais. Os presidentes têm consciência de que a conexão é necessária. Mais caminhos, mais estradas de ferro, a hidrovia para escoar nossos produtos a preços mais baixos e, além disso, pensamos também (na época me tornei presidente da Comissão), que tínhamos de buscar a integração energética, já que os empresários têm de poder projetar suas atividades para o futuro, sabendo que não vai lhes faltar energia – gás, petróleo, eletricidade. Começamos, portanto, a trabalhar no anel energético da nossa região, uma idéia que une os países e progride rapidamente. Contudo, necessitamos também de outro tipo de integração, a financeira. Como fazer? É bom lembrar que nossos irmãos andinos têm uma corporação, a Corporação Andina de Comércio (CAF) que desfruta de um enorme prestígio na América pela tarefa que está realizando.

Para que vocês dimensionem a importância da CAF, saibam que quase 60% do financiamento das obras dos países envolvidos provêm da corporação, mais do que do BID, mais do que do Banco Mundial ou de qualquer organismo internacional. Decidimos então negociar com a CAF uma abertura para que todos os países sul-americanos pudessem se associar.

Também nos faltava outro tipo de integração. Há pouco encontrei uma pessoa que me deixou seu cartão de visita, e me deu uma boa notícia porque no campo em questão estamos atrasados: a integração cultural e na área de comunicações. Há duas iniciativas em fase experimental, uma em Brasília, um canal chamado Integração, e outra que é a Telesur de Hugo Chávez na Venezuela. Mas são projetos embrionários, é preciso trabalhar mais profundamente para que nossos países se conheçam melhor. Segundo a pessoa que mencionei, aquela que me contatou e me deu seu cartão de visitas,em julho será lançada a TAL, Televisão Latino-Americana.

Sempre falo para meus amigos e, agora, digo a todos vocês, que temos que conhecer nossos países. Santiago do Chile é lindo, Montevidéu igualmente. Há o Caribe e há o Brasil, que é o Caribe vezes dez. O mais importante é que é a nossa região. Se pensarmos que podemos integrar todo o território, que características ele teria? Primeiro: seria o maior do planeta, 17.500.000 km². Segundo: a luta pela água doce será crucial no futuro. A América do Sul tem as três bacias hídricas sem par no mundo, a do Orinoco, a do Prata e a do Amazonas. Petróleo e gás nossa região tem por 100 anos, e há nossa imensa geografia, as cordilheiras que abrigam minerais inexplorados, tudo em terras banhadas pelos dois maiores oceanos, o Atlântico e o Pacífico. Somos os principais produtores de alimentos do mundo e nos dizem: por que então não entram em acordo com os Estados Unidos? Estados Unidos subsidia sua produção agro-pecuária, mas não tem importância. Claro que tem importância se o Mercosul produz mais soja que os Estados Unidos, se o Brasil sozinho este ano venderá 26 milhões, um milhão a mais do que Estados Unidos, que são os nossos principais concorrentes.

Seguimos avançando no processo de constituir a Comunidade Sul-Americana. Em poucos dias um livro meu será lançado (espero que seja traduzido para o português) detalhando o processo de integração, que para os sul-americanos de origem portuguesa naturalmente apresenta critérios diferenciados. Brasil é a metade de toda América do Sul, menos no futebol, que é um pouco mais. É a metade em território, a metade em produto bruto, a metade em habitantes; a outra metade é a América do Sul de origem hispânica, que se formou por caminhos diferentes: suas guerras pela independência foram muito mais cruentas e durante anos ela viveu de costas para a metade portuguesa. O Brasil do século XIX receava que as nações de origem espanhola se unissem, porque era uma época de enfrentamentos. Mas isto acabou, nossos países irmãos já não representam hipótese de conflitos há tempos. Por isso, me permitam dizer que o Mercosul é o filho da democracia que recuperamos nos anos 80. Primeiro a Argentina com o presidente Raúl Alfonsín e logo depois os outros cinco países. Com as ditaduras militares era impossível pensar num processo de integração. Pensava-se em guerra, afinal em que vão pensar os militares? Por isso, quando vemos nossos exércitos trabalhando em diferentes partes do mundo, de forma unificada, como no Haiti, o Brasil, em outros pontos com condução da Argentina, observamos que a integração apresenta outros aspectos, não somente aqueles que já mencionei. Os ministros da Saúde de nossos países têm tido uma infinidade de reuniões em Montevidéu, sede do Mercosul. Avançamos muito, tanto no que se refere aos medicamentos genéricos, quanto nas compras em conjunto para baratear os custos, assim como no progresso que pode fazer o Brasil no desenvolvimento de uma vacina contra a Aids.

Temos desafios, e chegamos a um grande problema, a questão do comércio. No processo de integração estamos todos de acordo, salvo em se tratando de interesses em jogo. Aí, torna-se difícil. De qualquer maneira, quero agora enfrentar o problema da Alca (N. do E. – Área de Livre Comércio das Américas), que não é um processo de integração. Países que aparentemente se integram, como Canadá, México e Estados Unidos, na verdade estão projetando um muro de 3000 km para que os mexicanos não entrem nos Estados Unidos. É o oposto de um processo de integração. Os muros se levantam para separar não para integrar. A Alca é somente comércio, portanto não há incompatibilidade com o Mercosul porque o comércio é conveniência, estaremos de acordo com a Alca ou com a União Européia se nos convier, caso contrário não. Não se deve confundir comércio com processo de integração. Se pensarmos em processo de integração, pensemos na União Européia, se pensarmos em comércio, consideremos que estamos com processos em curso, uns com a Índia, outros com a África, com a Rússia e a China para procurar associações, acordos de intercâmbio comercial. E uma coisa é se associar para comerciar, outra é se integrar para viver junto em um novo espaço com uma soberania integrada. Esta é a diferença que eu permanentemente tento destacar. Porque em questões assim a ideologia se interpõe demais. Costuma-se encarar este tema ideologicamente. E para o comércio não há ideologia. Por isso o presidente da Venezuela vende tanto petróleo ao presidente dos Estados Unidos, a quem abomina, vende porque se trata de comércio. Dito isto, quero acrescentar que sou um entusiasta do processo da integração. Como vocês devem ter ouvido, nossos libertadores lutaram pela unidade dos nossos povos. Um dos que mais se destacou foi um brasileiro, um verdadeiro estadista: refiro-me ao Barão de Rio Branco, nascido em meados do século XIX e que atuou até o século XX. Foi ele que em 1906 estabeleceu a necessidade da unidade, que ele chamava ABC – Argentina, Brasil e Chile. Estamos falando de 1906 e vejam a semelhança com o Mercosul. Uma região de paz, uma região onde os confrontos podiam desaparecer, uma região que se unia comercialmente. Ele dizia: temos que avançar para todo o Continente integrado. Era muito mais amplo seu pensamento. E estou falando de 100 anos atrás.

Como já mencionei, fui presidente da Comissão Conjunta do Mercosul e durante esses dois anos percorri toda a América. No Brasil devo ter estado uma dúzia de vezes, no Equador umas quatro ou cinco vezes e outras tantas em todos os demais países. Tenho estado nos parlamentos, tenho falado com representantes de partidos políticos e noto que a idéia de integração está muito incorporada. Nossos povos têm uma noção de irmandade e isto facilita o processo de integração. Imaginem a Europa. Uma criança que nasce lá hoje se sente europeu: mas nasceu em qualquer um dos países. São culturas e religiões diferentes e brigas centenárias. Nós não temos estes problemas, formamos uma enorme zona de paz, habitamos o Continente menos povoado. Temos todas as possibilidades, estamos avançando, reitero, na constituição do maior espaço integrado do planeta. Mas há questões preocupantes. Uma altíssima percentagem de nossas populações está excluída das relações econômicas, sociais, educativas. É o grande déficit de nossa América Latina. Eu acredito que nestes anos de recuperação da democracia iremos andando, não com a velocidade com que gostaríamos, porque é impossível andar depressa em temas de tão difícil solução.

Lembro que há 20 anos eu acompanhei minha esposa ao lugar de origem de seus avós em Andaluzia. Na ocasião fomos visitar as praças centrais de algumas cidades até sentamos num bar ao ar livre, numa tarde de sol. Pois tivemos que nos levantar e entrar no estabelecimento porque um mendigo atrás de outro se acercava de nossa mesa. Nós não estávamos acostumados, não sabíamos o que fazer. Estou falando da Espanha de 20 anos atrás. O país sofreu uma transição com Suárez (N. DO E. – ADOLFO SUÁREZ), na seqüência veio Felipe González duas vezes, depois Aznar (N. DO E. – JOSÉ MARÍA AZNAR), e esperemos que com Zapatero (N. DO E. – JOSÉ LUIS RODRÍGUES ZAPATERO) o caminho seja o mesmo. Quero dizer que os países vão recuperando suas possibilidades quando têm uma seqüência de governos na mesma direção, e hoje é bastante difícil que as políticas dos partidos sejam muito divergentes porque mesmo que se fale em socialismo na realidade todos estamos dentro de um sistema capitalista de mercado. Podemos não gostar, mas, salvo Cuba, todos os países do nosso Continente seguem a política de mercado. Claro que nesta política há várias gamas a escolher. Meu país no momento escolheu a pior. Privatizou pior, entregou suas riquezas e decidiu que tinha de ter câmbio fixo. Até que explodiu. Lembro, por exemplo, que o Primeiro Ministro de Israel, com todos os problemas que seu país tinha, preocupava-se em como tirar a população judia da Argentina. Eles queriam ir embora de tão grave que parecia a situação. E Fidel Castro dizendo que só um louco poderia se encarregar da situação da Argentina e propondo que um organismo internacional, o Fundo Monetário, um conjunto de estados se incumbisse da economia Ar-

PRESIDENTES
DA AMÉRICA LATINA

gentina. Vejam a que ponto nós chegamos. E cabia a mim presidir pró tempore a Comissão Conjunta do Mercosul sendo presidente da Argentina. Falei com o Fernando Henrique, ele me perguntou se podia ir, já que a situação era realmente grave. Eu respondi não só pode vir como necessito de sua presença. O Presidente do Brasil foi, ficou comigo, dormiu em Olivos, não sei se conseguiu dormir porque estávamos cercados de milhares de manifestantes. Permaneceu até o dia seguinte, contatou todos os presidentes da América do Sul, depois os europeus, e eu estou profundamente agradecido. Quando ele recebeu um prêmio em Salamanca, tive a oportunidade de acompanhá-lo, porque é nos momentos difíceis que se reconhecem os amigos; nas situações fáceis todos somos. Nas horas críticas, quando batemos em todas as portas e nenhuma se abre, daquela que se abre lembramos para sempre. Por tudo, estou muito agradecido ao Brasil e ao presidente que naquele momento nos estendeu sua mão.

EDUARDO DUHALDE

DEBATE

PROFESSOR MARCOS MACARI:

Encaminho uma questão ao presidente Duhalde: com relação ao resgate da democracia em nossos países, quero saber se o regime presidencialista se contrapõe num processo de integração? Se um regime parlamentarista seria importante no contexto da América Latina, dentro da consolidação, da participação social e na evolução dos nossos países latino-americanos.

EDUARDO DUHALDE:

Acredito que o sistema presidencialista é o mais perverso de todos. É absolutamente anacrônico.Todos os golpes militares poderiam ter sido evitados se tivéssemos o sistema parlamentarista.

O sistema tem que ter uma válvula de escape, alguma forma de resolver um problema ante uma determinada situação em que o presidente por qualquer razão não possa exercer o poder. O Chile, assim como a Espanha, teve uma seqüência de presidentes constitucionais, democráticos que trabalharam muito bem. Pode estar o Chile exposto a um sistema tão forte como o presidencialista e chegar a ter um presidente que volte atrás em tudo o que foi feito? O sistema parlamentar outorga maior estabilidade ao sistema democrático e às decisões que os países tomam. Amanhã, na Argentina ou em qualquer outro país sul-americano escolhe-se um presidente que está totalmente em desacordo com os processos de integração e retrocede pela força que o presidencialismo tem em nossos países. Quando a decisão é tomada pelos parlamentos é mais factível que os processos tenham estabilidade. Meu caso é particular, tenho estado trabalhando permanentemente na causa e neste ano estarei lançando um livro sobre o tema do parlamentarismo na América Latina. Estou convencido de que se trata de uma questão que temos de resolver para o futuro.

SÉRGIO AMARAL:

Presidente Duhalde, eu tive a honra de conhecê-lo num momento particularmente difícil para Argentina, momento de difícil transição, quando todos viram sua determinação, seu senso de equilíbrio e sua visão. É com alegria que hoje vejo a Argentina recuperada, com uma estabilidade plenamente democrática, a economia restaurada e apresentando um impressionante crescimento econômico. Como observador da Argentina, e mais que isso eu diria, como amigo da Argentina, eu digo: a Argentina deve muito ao Presidente Duhalde. Eu gostaria de retomar temas que o senhor abordou em sua brilhante exposição: a construção de um espaço sul-americano. Quer dizer, a preservação do Mercosul, e talvez sua transformação num espaço sul-americano que me remete às sábias e oportunas palavras de Jean Monnet, o pai da integração européia, sobretudo quando ele diz que a integração antes de estar nos tratados está na cabeça das pessoas. É a questão cultural que o senhor apontou com muita clareza e que a meu ver é a base do Mercosul e de nosso desejo de construir um espaço sul-americano. É a ambição dos nossos povos, e corresponde, desde o início correspondeu, à vontade de nossos mais ilustres políticos. É por isto que eu não tenho qualquer excitação sobre o futuro do Mercosul, sobre seu avanço sobre sua sobrevivência em tempos de crise.

O segundo comentário de Jean Monnet, que ele pôs em prática, é que o processo de integração tem que ter uma base no mundo real. Exige uma sustentação econômica, uma base física, não basta ser um desejo ou uma aspiração. Isto, o senhor, o Presidente Fernando Henrique, e vários outros presidentes ajudaram a construir com o projeto de integração física da América do Sul que buscou mapear um conjunto de propostas importantes não apenas para a economia de nossos países, mas, sobretudo, projetos nas áreas de energia, transportes e comunicação que nos aproximavam, que ligavam uma teia de realizações concretas para a construção dos nossos objetivos econômicos. E eu vejo com satisfação que caminhamos, embora talvez sem a sistematicidade que havia sido imaginada inicialmente.

Acho que o Senhor mencionou também outra questão relevante, a financeira, na qual acho que avançamos um pouco menos, uma vez que, realmente, os grandes projetos precisam de financiamento. E nós precisamos de algo novo que não seja buscar financiar cada projeto específico de uma maneira ad hoc. Nós precisamos de algo como uma clearing house de projetos sul-americanos ou, então, mesmo de uma instituição financeira que consiga articular as nossas capacidades nacionais, seja BNDS (N. do E. – Banco Nacional de Desenvolvimento Econômico e Social), Fonplata (N. do E. – Fundo Financeiro para o Desenvolvimento da Bacia do Prata), como o senhor mencionou muito bem.

Mas eu gostaria de voltar mais uma vez à questão cultural e ao papel de cidades como São Paulo e Buenos Aires. São Paulo vem reafirmando sua vocação sul-americana, seu compromisso com o Mercosul. Mas nós podemos fazer muito mais do que isso. Eu tive recentemente uma experiência, era embaixador em Paris, e ajudei a organizar o ano do Brasil na França. Foi quando conheci o diretor da Fundação Cartier que fez um comentário muito interessante que me marcou, e sobre o qual já conversei inclusive com o Dr. Leça, que é fato de que nós vivemos em Buenos Aires, em São Paulo, em cidades de grande efervescência cultural, mais talvez do que nós mesmos já acostumados tenhamos percebido. E o que diferenciará as nossas cidades aos olhos do mundo não é ser a capital o reflexo das culturas dos países desenvolvidos. Não vai ser o fato de apresentar arte americana ou européia, mas nossa capacidade de sermos centros importantes de um pensamento, de uma arte e de uma cultura latino-americanos. É isto que nos valorizará perante o mundo. E sobre isto eu tenho conversado com muitas pessoas, na Faap (N. DO E. – FUNDAÇÃO ARMANDO ALVAREZ PENTEADO) onde estou, ou na Fiesp (N. DO E. – FEDERAÇÃO DAS INDÚSTRIAS DO ESTADO DE SÃO PAULO) com a qual também tenho uma ligação, com a Bienal de São Paulo, com o Memorial da América Latina. Enfim, trata-se de aproveitar a oportunidade porque espontaneamente os processos estão se desenvolvendo. Nós temos aqui em São Paulo uma Bienal, por que não fazer mostras latino-americanas de teatro, cinema, artes plásticas? Eu vejo aqui representantes do mundo acadêmico; o conhecimento é vital para nossos projetos, e vital para o desenvolvimento de nossas economias. Fiquei muito satisfeito que a TV Cultura de São Paulo também quer se latino-americanizar mais.

O professor Alain Tourraine, um grande especialista em América Latina, dizia algo que me parece muito importante, sobretudo neste momento: que o grande desafio do desenvolvimento é o desafio do conhecimento. Eu pensei que falasse do avanço científico e tecnológico, mas não. Ele falava do conhecimento sobre nós mesmos; saber o que queremos; o nosso destino, o nosso projeto nacional, nossa visão regional como o senhor se referiu em relação ao Mercosul. Eu sinto que neste momento de intensas transformações em toda nossa região, transformações políticas, econômicas e sociais, por vezes nós perdemos um pouco a noção desta visão e o resultado é que, por vezes também, o acessório parece ser mais importante que o principal. Acontece muito na área do comércio em que fricções conjunturais e naturais contaminam o diálogo político, em que interesses localizados e passageiros se sobrepõem aos princípios e aos fundamentos que devem nos guiar. Nós temos que resistir à tentação de sermos dominados pelas dificuldades do presente. A tentação de voltar os olhos para o passado em vez de caminhar para frente e de construir o nosso futuro.

Por isso, como o presidente Duhalde fez hoje, é importante lembrarmos a visão que inspirou este processo de integração, da construção do nosso espaço sul-americano. É o que querem os nossos povos, é o que estão determinados a fazer os nossos representantes na América do Sul.

Eduardo Duhalde:
Uma consideração para expressar meu acordo com o manifestado. Quero acrescentar que no plano da integração cultural, pessoalmente tenho tido várias reuniões com todos os ministros dos países do Mercosul, mas os avanços não são tão rápidos como gostaríamos. Está acertado, por exemplo, que podemos exibir na Argentina sete filmes brasileiros ao ano, sete estréias, e o Brasil a mesma quantidade de filmes argentinos. Tive a oportunidade de assistir a muito bons filmes brasileiros, e amigos aqui me disseram que assistiram a filmes como O Filho da Noiva, o que antes não acontecia. Avançou-se também na realização de produções cinematográficas conjuntas entre nossos países, quer dizer com atores, atrizes, técnicos brasileiros, argentinos, uruguaios, paraguaios. Porque o veículo da cultura é o que mais rapidamente chega, um filme alcança mais do que 100 conferências destas que estamos fazendo, e nem falo se um dia a gente fizer um jogo de futebol entre o Mercosul e a União Européia, esse dia será o de maior integração.

José Augusto Guilhon Albuquerque:
Presidente Duhalde, o senhor apresentou

PRESIDENTES
DA AMÉRICA LATINA

um desenho muito claro da integração latino-americana, tanto do ponto de vista político, como dos pontos de vista cultural e comercial. O processo de integração começou nos anos 40, nos anos 50 criou-se a Cepal (N. DO E. – COMISSÃO ECONÔMICA PARA A AMÉRICA LATINA) e uma década depois foi assinado o Tratado de Montevidéu.Todos estes processos foram muito lentos e não se aprofundaram na integração real. Mais recentemente, nos anos 80, 90, houve não só um processo de integração internacional na América Latina, mas também um processo de integração política no interior dos países. Houve um grande processo de estabilidade não só da economia, mas também da política, e agora quando vemos o Mercosul com um processo de estancamento, com vários problemas de integração do Brasil, do Paraguai, da Argentina, do Uruguai, e vemos que ao mesmo tempo há um processo de instabilidade nos diferentes países da América Latina, então gostaria de ouvir sua reflexão sobre a instabilidade ou estabilidade política e a integração. E também gostaria de olhar também para Argentina, porque me parece que existe um permanente dilema nos países latino-americanos desde suas independências, entre o rol das lideranças com todos os caudilhos, chefes militares e as instituições. Porque nos períodos de maior instabilidade, as lideranças se colocam por cima das instituições e me parece que nos últimos 20, 30 anos na Argentina houve processos algumas vezes marcados pela estabilidade, mas com lideranças fortes, e em outros momentos quando esta liderança desaparece também desaparece a estabilidade, portanto gostaria de ouvi-lo sobre este particular.

EDUARDO DUHALDE:

Começarei respondendo a última parte de sua pergunta sobre o que aconteceu em meu país. Na Argentina, o primeiro golpe militar ocorreu em 1930. Não apenas na Argentina, mas em todos os países latino-americanos, os militares proclamavam que vinham para restabelecer a ordem e a democracia. E em nome da democracia tivemos ditaduras. Em meu país cada ditadura foi mais dura que a anterior. Não houve longos períodos democráticos. Após o primeiro golpe militar, foram nove anos de governo do general Perón e depois novos golpes militares, proscrições permanentes, quer dizer vivemos uma ordem completamente irregular. Pergunto: é casual que todos os países da América Latina tenham vivido ditaduras militares? Terá alguma coisa a ver essa coincidência com decisões dos Estados Unidos? Coube-me receber o pai do presidente, George Bush pai, sendo ele presidente da República, eu na condição de presidente do Senado e ante a Assembléia Legislativa do meu país, e eu falei para ele que cada vez que a democracia voltava se levantavam vozes no Parlamento condenando a atitude do governo dos Estados Unidos promovendo e acobertando as ditaduras. E o presidente Bush pai, numa outra conversa, disse-me que efetivamente foi assim. Que administrações americanas, por razões que não vem ao caso analisar agora, promoveram e apoiaram ditaduras militares, sobretudo na época em que sobravam dólares, a época dos petrodólares e que os governos militares em muitos dos nossos países ajudaram a nos endividar. Algumas ditaduras mais nacionalistas com esse dinheiro fomentaram as indústrias, promoveram o desenvolvimento; outras gastaram da maneira como em meu país. Mas só recentemente, nos anos 80, quando se recupera a democracia, há um verdadeiro clima de democracia em nossos países. Que os presidentes nos agradem um pouco mais, um pouco menos, é outra questão. O certo é que todos os nossos países têm governos democráticos. O último golpe de Estado que foi tentado com o apoio dos Estados Unidos ocorreu na Venezuela, disto não tenham nenhuma dúvida. Nesse momento estávamos em Santo Domingo, na reunião Ibero-Americana, com a presença do Rei da Espanha, e de todos os presidentes, e me dirigi ao plenário precisamente no momento em que anunciavam que o presidente das Indústrias da Venezuela era o Presidente constitucional e democrático do País. O golpe fracassou. A Venezuela escolheu um presidente questionado por parte importante do pensamento político latino-americano e, sobretudo, norte-americano, mas ganhou dentro do sistema democrático. Agora, a Bolívia elegeu o primeiro presidente indígena, que se pode dizer que não ganhou de forma democrática. O que vai acontecer com o país no futuro? Desejamos que tudo saia bem e precisamos ajudar para que isto aconteça.

Mas hoje eu não vejo instabilidades políticas na América Latina. Não vejo no Brasil, não vejo na Argentina, no Chile, no Uruguai. No caso da Bolívia também não; víamos instabilidade. Eu estive lá antes que o presidente provisional Rodriguez assumisse o cargo, e aí sim estávamos com medo. Hoje não. O Peru, por sua vez, com todas as suas dificuldades, não tem problemas à vista. O Equador, um país que está vivendo processo similar ao que experimentou a Argentina, está gerando problemas para o futuro, e há um caso que eu tenho defendido, em desacordo com os demais presidentes, que é a Colômbia. Não é possível deixar a Colômbia sozinha e depois nos queixar da ajuda que os Estados Unidos lhe prestam. O problema da Colômbia é de todos nós. São problemas internos dos nossos países, especialmente do Brasil que é um país limítrofe. Que estamos esperamos para estender nossas mãos? É um pedido de seu presidente, um grande presidente democrático. Eu tenho falado com todos os presidentes sobre a Colômbia e acho que eles têm falhado no apoio que devem outorgar a uma democracia. E há o caso da Venezuela, um caso discutido, com um presidente que tem muito apoio e muitos opositores, mas onde, ainda assim, não vejo instabilidade democrática. Torno a mencionar o Equador, a cada dia menos competitivo. Quero contar rapidamente o caso do Equador: assumia a presidência Lúcio Gutierrez; eu nesse momento era presidente da Argentina e ele me pediu uma audiência, disse que precisava de um par de horas, eu respondi que tinha todo o dia. Ele me disse que estava numa armadilha e queria saber como sair, já que a Argentina estava saindo de uma situação difícil quando ele assumiu. Havia gente satisfeita com a estabilidade da dolarização, mas ele via que seu país a cada dia estava menos competitivo, o mercado de trabalho encolhendo, então me pediu orientação, queria especialistas que dessem palestras, conferências para orientar como sair do processo da dolarização. Enviamos um pessoal especializado, e fui eu também. Depois, como presidente da Comissão do Mercosul, estive mais duas vezes no Parlamento, ocasião em que me reuni com os blocos partidários. Todos estavam de acordo, a dolarização iria acabar mal, mas como se diz em espanhol "nadie le pone el cascavel al gato", ninguém quer se arriscar a sair. E para arredondar a resposta, eu não vejo problemas de instabilidade democrática, o que vejo sim, como disse antes, é que o sistema presidencialista não ajuda, não é o melhor sistema para garantir que as decisões sejam decisões permanentes.

Tullo Vigevani:
Eu gostaria de apresentar duas questões.

O presidente Duhalde teve uma carreira política extraordinária. Li sua biografia. Ele iniciou sua vida pública em Lomas de Zamora em 1973 e chegou à presidência da República num momento de grave crise. E eu acho que nós brasileiros devemos estar muito agradecidos ao presidente Duhalde por ele criar as bases, as condições para a recuperação da Argentina. Eu vou colocar um tema que sai um pouco da linha referente ao processo de integração sul-americana, já que gostaria de ouvir um relato do senhor sobre a história política recente da Argentina. Nos últimos 60 anos a política argentina tem um fio condutor entre as forças políticas, basicamente duas, o Partido Justicialista, o Peronismo, e o Partido Radical. Desde 1946, estes partidos têm estado no comando da nação alternando-se, como o presidente acaba de nos lembrar, com governos militares, cujas conseqüências para o país e para a nação foram extremamente negativas. Como se coloca a perspectiva do quadro político-partidário argentino nesta etapa de sua história e para os próximos anos? O presidente Duhalde é parte importantíssima, é expoente, eu diria, de grande representação no Partido Justicialista. Ele enfrentou o governador Cafiero e o governador De la Sota em 1988 junto com o candidato à presidência, Carlos Menem, depois abdicou da vice-presidência para candidatar-se ao segundo cargo mais importante na República Argentina, o de governador da Província de Buenos Aires. Depois teve desavenças com o presidente Menem e hoje temos um quadro de instabilidade na política partidária da Argentina. Quais seriam as perspectivas de afirmação deste mesmo quadro político? Acho que é uma questão muito importante inclusive para compreender como o presidente se coloca dentro deste quadro.

A segunda pergunta refere-se ao tema abordado pelo presidente sobre a integração sul-americana. Todos nós nesta mesa compartilhamos o significado da integração sul-americana e a importância que tem o Mercosul. O embaixador Rubens Barbosa, em livros de quinze anos atrás, dizia que a integração Brasil-Argentina e o Mercosul são a passagem da fase romântica da integração para a fase realista do processo de integração regional. Eu acredito, nem sei se é o momento para esgotar a questão, que no processo do Mercosul, e sobretudo nestes últimos anos, nós estamos comprovando um fato extremamente interessante: sempre se falou que a vontade política é um elemento essencial num processo de integração regional.

O presidente Duhalde e o presidente Fernando Henrique Cardoso tinham uma forte vontade política em favor do processo de integração, e eu acredito que ninguém duvida que o presidente Luiz Inácio Lula da Silva e o presidente Néstor Kirchner também tenham uma forte vontade política pela continuidade do processo de integração. Por que então este processo não se desenvolve? Podemos tecer algumas suposições. Por exemplo: o fato de sermos países pobres, países com dificuldade de fortalecimento, como disse o embaixador Sérgio Amaral, as tentativas de implantação de organismos financeiros, e o próprio I-Irsa é uma expressão disto, e um pequeno projeto de criação de um fundo de desenvolvimento do Mercosul utilizando estes recursos pré-existentes também se está tentando, mas isto tem limites. Quer dizer, as dificuldades de comércio são dificuldades que provavelmente representem um teto se não houver possibilidade de políticas de desenvolvimento e políticas compensatórias para as quais, no meu entender, os estados ainda não estão preparados. Então eu gostaria de um testemunho sobre estas questões de um fazedor da história tão importante quanto o presidente Duhalde.

EDUARDO DUHALDE:

Quanto ao último tema, o do processo de integração, concordo com sua afirmação: o presidente Kirchner e o presidente Lula estão colocando todo empenho neste processo integrador. E quero dar algumas informações que possivelmente o senhor tenha, mas o público não. Em dezembro do ano de 2004, comemorava-se o 180o aniversário da última batalha que livrou as forças sul-americano-hispânicas dos espanhóis em Cuzco. E queríamos que naquele dia 9 de dezembro pudéssemos assinar um acordo dos dez países, não só assiná-lo, mas que fosse protocolado na Aladi, no qual constava que 90 % dos nossos produtos já estão no livre câmbio, bem como o compromisso de avançar em 2005 e 2006 até chegar a aproximadamente 95% no acordo de livre comércio. Fizemos um enorme esforço e alcançamos a meta. Lembro que na Aladi estivemos trabalhando até um dia antes, porque não queríamos anunciar nada à Comunidade Sul-Americana se não tivéssemos assinados e protocolados os acordos de livre câmbio.

Quero dizer que temos avançado bastante, 90 % dos produtos entrando no sistema de livre câmbio já é um progresso significativo. Ultimamente, Brasil e Argentina implementaram um sistema, o CAC (N. DO E. – CLÁUSULA DE ADAPTAÇÃO COMPETITIVA), que possibilita algum tipo de salvaguarda. Ninguém pode dizer que se trata de um avanço. Não. É uma válvula de escape momentânea para quando houver um problema concreto a resolver. O ideal seria que não houvesse nenhum tipo de salvaguardas e acho que caminhamos para isto.

Eu quero dissipar a idéia de que o processo não avança. De todo modo, alegro-me quando ouço dizerem que não está avançando, porque concluo que se trata de gente que quer mais agilidade. Passaram-se 15 anos desde que Sarney e Alfonsín assinaram a primeira ata de criação do Mercosul. Neste período tivemos uma série de problemas em nossos países. A tremenda desvalorização no Brasil, o desabamento da Argentina em 2001, enfim estes acontecimentos impactaram fortemente e o Mercosul, como disse Amaral, demonstrou que sobrevive no meio de tamanha crise. E agora que entramos numa fase de crescimento e desenvolvimento, temos problemas para resolver: os problemas do desenvolvimento. São melhores para solucionar do que aqueles que aparecem quando estamos em decadência, em recessão, ou como quando estamos em depressão, que é o que aconteceu à República Argentina.

Peço que me perdoe se não faço referências concretas à política interna do meu país e quero contar porque. O dia em que eu assumi a presidência fiquei sabendo quatro horas antes que ia assumir; e não queria. Na semana anterior, tínhamos conseguido que um governador aceitasse ser presidente, porque não sobrava ninguém que quisesse o posto, nem os militares se animavam a tomar o poder. Eu havia sido eleito senador, havia obtido uma quantidade significativa de votos, então passei a noite trabalhando no discurso para Assembléia Legislativa, onde defini meu governo como de transição, mas disse também, no primeiro parágrafo, que no meu entendimento um governo de transição devia ser o último ato de um político, um governo de transição representava uma crise tão grande que eu não ia concorrer mais a um cargo político, e minha última participação foi quando lancei a candidatura do presidente Kirchner e aí não fiz referência à política interna do meu país nem vou fazer. Inclusive minha esposa, que foi candidata à senadora em Buenos Aires, eu não acompanhei como deveria tê-lo feito e ela entendeu que meu compromisso era não mais participar de política. Eu vou percorrer as universidades da América, em breve vou publicar um livro sobre a comunidade sul-americana, tenho convites de vários países aonde irei para divulgar a idéia da integração. Acredito que é o meu papel, eu comecei minha carreira política numa prefeitura como vereador, depois fui duas vezes prefeito, já fiz toda minha carreira, e como dizia Ortega y Gasset "após os 65 anos, os políticos são uma geração de sobreviventes". Não somos nós que faremos as mudanças, os que podem fazê-las são os que hoje têm entre 45 e 55 anos. Eu já tenho mais de 60.

SÉRGIO FAUSTO:

Vou fazer um conjunto de notas para depois lançar algumas questões que retomam as que já foram feitas por outros colegas de mesa. Vou me permitir fazer uma nota pessoal, e depois que o Guilhón falou em castelhano me sinto à vontade para também fazê-lo. É que o meu avô que nasceu na Europa veio para a América do Sul no começo do século XX quando tinha 14 anos e foi primeiro para Argentina onde viveu cerca de 15 anos, parte em Buenos Aires e parte em Comodoro Rivadavia. Meu avô realmente encantou-se com a Argentina, então eu cresci achando que a Argentina é um lugar acolhedor, com a idéia de que as rivalidades entre os dois países deviam limitar-se ao terreno do futebol, no qual somos tão superiores que não tínhamos porque brigar.

DUHALDE:
Mas vocês trouxeram o Carlitos Tevez.

SÉRGIO FAUSTO:
Eu retomo a idéia de que a integração é filha do processo democrático: foi a democratização de nossos países que abriu as comportas da integração. Eu queria bater numa tecla que já foi acionada aqui e frisar, sem querer fazer elogio de corpo presente, mas acho justo. É um papel extraordinário o que o Presidente Duhalde cumpriu na complicadíssima transição argentina depois do colapso do regime da convertibilidade. Nos últimos 50 anos na Argentina, e se não me equivoco nas contas, tomando o período de 1945 até 2005, são 60 anos na verdade, houve apenas quatro presidentes que transmitiram a seu sucessor a faixa presidencial dentro dos ritos normais da democracia. O Frondizi (N. DO E. – ARTURO FRONDIZI) transmitiu ao Illia (N. DO E. – ARTURO UMBERTO ILLIA), no começo dos anos 60, o Alfonsín transmitiu ao presidente Menem...

EDUARDO DUHALDE:
Vou corrigir, o Illia não recebeu do Frondizi a faixa presidencial, Illia assumiu depois do golpe que fizeram contra o Presidente Frondizi.

SÉRGIO FAUSTO:

Então reduzimos, sobram três presidentes, o que fortalece o argumento, três os que transmitiram a seu sucessor a faixa presidencial. O Alfonsín, por causa da grave crise, teve que antecipar a posse do Menem. Menem transmitiu ao Fernando De La Rua e o senhor conseguiu o que a todos parecia verdadeiramente impossível: encaminhar um processo de normalização política na Argentina quando não havia ninguém disposto a assumir, a "tomar asiento en el sillón de Rivadavia". E o senhor nos conta aqui que soube desta notícia quatro horas antes de assumir. Esta é a representação gráfica mais contundente da situação excepcional que vivia a Argentina naquele período e é extraordinário perceber que a Argentina, ainda que com problemas, conseguiu dar um grande passo nesses dois, três anos, que em grande medida se deve a maneira pela qual o senhor conduziu a transição.

Bem, essa é a nota positiva para quem olha o panorama argentino, hoje isto tem uma importância muito grande para a região. Agora, já se sublinhou aqui, e é importante ressaltar novamente, que o processo de integração perdeu fôlego no que eu chamaria de sua agenda mais dura, aquela que mexe com os interesses econômicos de parte a parte. E isto, digamos, olhando segundo uma perspectiva de longo prazo, podemos dizer que integra o processo, mas talvez devam tomar cuidado porque em alguns casos a agenda se tornou refém dos intereses de curto prazo e se perdeu a visão, a disposição de avançar mais. Em todo processo de integração você avança conciliando interesses domésticos, que têm expressão na vida democrática de cada país com este projeto mais ambicioso que implica ceder pedaços de soberanias, implica conflitos de determinados interesses que, digamos, estão mais presos ao passado do que ao futuro. Qual é a agenda de futuro que queremos para a região? É perfeitamente legítimo que os produtores de açúcar de Tucumán defendam seus interesses; é perfeitamente legítimo que o governo argentino atenda a tais interesses em alguma medida; é perfeitamente legítimo que o mesmo se aplique a produtores de autopeças na região de Córdoba; é também perfeitamente legítimo que o governo brasileiro tenha atenção com seus vinicultores e produtores de trigo da região Sul. Agora, a agenda não pode ficar presa a estes interesses e acho que em alguma medida passaram a ditar, passaram a ter um peso excessivo no processo de não integração da nossa região. Acho que este é um ponto importante.

E eu iria para outra questão, e me encaminharia para encerrar meu comentário, que a agenda não é apenas essa agenda dura, também há uma agenda suave, intangível que passa pela integração que se dá no plano cultural, no contato entre as burocracias dos vários países e acho que neste campo há muito o que avançar. Quando a agenda mais pesada está travada, é hora de estimular a outra mais soft para que o processo não pare.

Uma anedota que vale a pena registrar: pouca gente sabe que o grande parceiro de Gardel era Alfredo Le Pêra, nascido no bairro do Cambuci, não muito longe daqui. E como sabemos todos, hoje é verdade histórica que o Gardel era uruguaio, o tango na verdade é um produto da cooperação do Brasil com o Uruguai que encontrou na Argentina um lugar no qual floresceu.

EDUARDO DUHALDE:

Primeiro vou fazer uma charada: Brasil faz limite com o país onde nasceu Gardel, a charada é: qual é esse país?

SÉRGIO FAUSTO:

Uruguai, obviamente, Província Cisplatina.

EDUARDO DUHALDE:

Dou lhe uma segunda oportunidade. Uruguai não é.

SÉRGIO FAUSTO:

En tu honor direi Argentina.

EDUARDO DUHALDE:

Também não.
Da platéia:
França

EDUARDO DUHALDE:

Aí está, o limite maior da França é o Brasil. E certamente Gardel nasceu na França, é cidadão francês. Na certidão de nascimento aprovada no Uruguai consta: nascido em Toulouse.

Sérgio Fausto:

Agora uma pergunta que tem a ver com a questão de uma visão de futuro. Faz falta uma agenda nova para toda a região, e com todo respeito, todos os países padecem deste mal, acho que nós aqui também muitas vezes rodamos em círculo, para mim os nossos amigos chilenos são os que têm uma clareza maior de qual é a agenda deles de futuro. Acho que a Argentina, e digo isso com preocupação, ainda é muito presa ao passado; tiene una mirada al pasado que sigue siendo muy fuerte.

Eduardo Duhalde:

Desejo contar uma coisa, porque precisamente é o presidente do Chile, Eduardo Lagos, que expressou o que você diz. Lagos diz que os acordos comerciais vão demorar muito tempo, são muito fortes os interesses, muito fortes os desequilíbrios macro-econômicos. Avancem, diz Lagos, nos outros aspectos da integração. Que a integração não esteja qualificada somente pelo comercial, acrescenta ele: quero que o Chile seja membro pleno do Mercosul, não apenas como associado.

Dizia para mim dias passados um defensor da Alca na Argentina, porque vocês não brigam com a União Européia em lugar de se magoar com os Estados Unidos? Porque a União Européia produz menos de 1% da soja que se produz no mundo. Não são nossos concorrentes; Japão não é nosso concorrente. Nosso concorrente direto se chama Estados Unidos. Quanto perde o Brasil, com a baixa do preço da soja causada pelos subsídios nos Estados Unidos? Quanto custaria a soja se um grande produtor como os Estados Unidos, que produz mais ou menos 40% da soja que se produz no mundo, não a subsidiasse como o faz? O preço seria muito maior. Por isso é um tema de interesse como antes lhe disse. Nós não temos um problema ideológico, temos um problema de interesses, somos os concorrentes. Argentina é a segunda em vendas de milho depois dos Estados Unidos. O problema é conosco, não temos problemas com Japão, Japão que subsidie o que queira. A União Européia produz 1%. Os Estados Unidos dizem que não podem baixar os subsídios unilateralmente. É mentira, não os querem baixar porque, naturalmente, têm que defender e proteger seus camponeses. Mas nós não podemos aceitar um protecionismo bom, que é o dos Estados Unidos sobre os subsídios e um protecionismo mau que é o de nossos países.

Sérgio Fausto:

O grande enigma que é uma força política, ainda que muito fracionada hoje, e que sobrou do terremoto político que é o Movimento Peronista, ainda é uma força de renovação capaz de formular esta visão de futuro que permita à Argentina salir a flote deste processo traumático que viveu?

Eduardo Duhalde:

Eu quero lhe dizer qual é a minha opinião. Eu acho que a economia é produção, eu acredito nisso a cada dia mais. Acho que nossos países podem dizer que têm políticas progressistas, mas a única verdade é o trabalho, é a produção, a única verdade é como fazer para ajudar os produtores. O exemplo mais claro, a meu ver, é o da Europa após a guerra. No pós-guerra, a maioria dos países estava deslumbrada pelo fenômeno soviético e quais economias nasceram? Economias mistas, mas com fortíssima preponderância estatal. Na Inglaterra privatizaram o transporte ferroviário, fixaram preços máximos para tudo, exceto para a carne de coelho. Mas havia um país que não podia estatizar tudo, que era a Alemanha. Depois do que havia acontecido não se podia pensar no Estado. Foram para Universidade de Friburgo, criaram a economia social de mercado e a Alemanha se levantou, e resto da Europa também. Vocês dirão: tiveram o Plano Marshall. Mas se levantou. O que acontece é que as duas coincidiam na única verdade: no trabalho, na produção. Na simbiose que todos os estados precisam, uma simbiose imprescindível que é a simbiose do setor público com o setor privado produzindo. Vereadores, deputados, governadores devem agir como na Alemanha, nos

PRESIDENTES DA AMÉRICA LATINA

Estados Unidos: um lobista de sua região. A única verdade é a produção, e o Brasil quanto a isto, está muito à frente da Argentina.

Por isso, quando se fala de futuro, eu não sei o que vai acontecer com as ideologias, é preciso se redefinir o tema ideológico. O socialismo já não é o que era antes da queda do muro de Berlin, é outra coisa. Qual é o socialismo de Lagos? É socialista Tony Blair? Que diferença há entre o Zapatero e o Aznar? Um é amigo de Estados Unidos e o outro não. Um defende que os homossexuais contraiam matrimônio e o outro não. Quer dizer, as diferenças são mínimas, cada dia menores, e há que se redefinir no futuro a questão ideológica, o certo é que com a queda do segundo mundo, com a queda do socialismo autêntico, do comunismo, estamos numa época de grande confusão e na confusão não dá para se perder tempo, temos que fazer o que nos ensinaram. Para prosperar é preciso trabalhar, defender os interesses permanentes dos países da nossa região, não somente porque a economia tem de crescer, mas também porque a riqueza deve ficar no país e ser distribuída cada vez melhor. Se cada um que for escolhido, souber que tem de ajudar a produzir e puser toda a sua capacidade e sua inteligência nesse sentido nossos países vão progredir. Mas se acreditarmos em outras coisas, nessas alquimias financeiras, especulativas, de usura, vamos nos dar mal. Temos que trabalhar; temos que produzir.

Roberto Lameirinhas:

Eu gostaria de me estender no tema levantado pelo Professor Guilhon de Albuquerque sobre democracia e integração. Foi dito aqui que o início do processo de integração só foi possível graças à recuperação da democracia em toda a região. Nos últimos anos a gente tem constatado alguns processos de estabilidade e algum renascer de populismo, e até um pouco mais perigoso que isso, alguns pontos de populismo nacionalista, como foi o caso da ascensão da candidatura de Ollanta Humala, no Peru.

Eu queria que o Presidente nos desse a sua visão de quais seriam os mecanismos que a integração regional pode nos oferecer para que se garanta, não só a estabilidade política dentro das nossas respectivas nações, mas também dos mecanismos que a integração pode oferecer contra alguns males da região que têm sido a corrupção e até certo ponto um populismo um pouco exacerbado.

Eduardo Duhalde:

Acho que sobre esse tema já expressei algo. Em primeiro lugar, nada ou muito pouco podem fazer os demais países se dentro de um deles a qualidade democrática se deteriora. Eu expus um caso, que geralmente não é levado em conta, mas que é o de maior risco de instabilidade democrática: o da Colômbia. Percebo como, desafortunadamente, os países se fazem de distraídos. Nos demais casos, a gente pode falar do renascer do populismo. Ontem, um chargista no Programa Roda Viva me deu um desenho que focalizava o perigo do populismo. Mas ele acrescentou com outra letra, falava do perigo do impopulismo. É preciso ter muito cuidado quando se rotula os governos. Quais são os governos que não são populistas? Há uma definição de um grande presidente americano que dizia que democracia é do povo e para o povo. Qual é o limite do populista, porque há regiões da nossa América do Sul, setores da população, que são insensíveis às maiorias humilhadas. maiorias que não têm seus direitos humanos mínimos garantidos: direito à saúde, à educação, à moradia. E quando um governo quer estender a sua mão solidária em nome de todos, logo lhe colocam o rótulo de populista. Que devemos fazer? Eu sei o que fizeram os governos no Brasil, eu sei o que fez Fernando Henrique Cardoso, o que está fazendo Lula, não sei se é suficiente ou insuficiente porque estou longe, mas em situações de crise o que fazem os países adiantados que nós admiramos? Os países do primeiro mundo? Dão subsídios aos desocupados. Na Espanha eram U$800,00, não sei seu equivalente em euros, neste momento. Na Holanda a quantia é similar. Em nossas nações não podemos fazer isso, há gente que vive humilhada e que não paga as crises da mesma forma como os setores médios ou os extratos mais elevados. Sabem com que pagam? Com o sangue dos seus filhos. Quando se vai à favela fazer uma pesquisa nota-se que à pergunta sobre quantos filhos os entrevistados têm, eles geralmente respondem quantos vivos e quantos mortos. Porque gente humilde tem mais filhos e paga com o sangue deles. Essa gente é inocente a respeito do que acontece aos países. Se há alguém a quem não se pode culpar é a pessoa que trabalha, em todo caso culpemos os dirigentes políticos.

Então, realmente, quando ouço a palavra populismo fico em guarda. Que significa populismo? Eu sei que para setores do establishment pelo menos do meu país, é uma palavra, mas para o que não tem nada para comer não é uma má palavra. Pergunte para um amigo seu, da classe social a que pertença o que seria capaz de fazer? Que faria você se seu filho tem fome e não pode lhe dar de comer? Eu diria que faria qualquer coisa. E se em lugar de fome tivesse uma doença grave? E você não tem o dinheiro para curá-lo, que faria? Faria qualquer coisa, sabem que é qualquer coisa? É roubar. A isso estão expostos imensos setores da população. E as pessoas humildes são gentes boas, uma percentagem pequena entra na marginalidade, mata, rouba. Mas embora seja uma percentagem pequena cresce a insegurança porque são muitos, porque são milhões e em milhões 1% representa dezenas de milhares de pessoas que estão cometendo delitos.

Eu dizia ontem no programa Roda Viva, que gostava de estudar. Na universidade havia uma cátedra sobre a crise de 30 nos Estados Unidos e como crises econômicas geram

PRESIDENTES
DA AMÉRICA LATINA

a ruptura de todo o sentido ético e moral das sociedades. Dizia que nos filmes americanos sobre a crise, o público não sabia se o chefe dos delinqüentes era o chefe da polícia, um senador, ou um juiz. Porque essa era a situação que criava a depressão econômica num país como Estados Unidos, imaginem nos nossos.

Os governos, sejam do partido político que forem, como devem atuar? Como qualquer um de vocês atuaria com sua própria família, assim não se equivocam. A quem atende primeiro um pai de família quando tem vários filhos? A quem estiver com mais dificuldades. Assim, simples, é governar. Governar é criar as condições econômicas para que haja ingressos nas famílias, para depois atender aos que mais necessitem. Se a isso chamam populismo, eu digo vivam os populistas! É preciso ficar ao lado dos que têm mais dificuldades, porque, caso contrário, nem os que têm situação econômica resolvida conseguirão viver bem. Ninguém pode-se realizar num país que não se realiza no seu conjunto.

Eduardo Duhalde

Expositor e seus Debatedores

EDUARDO DUHALDE:

Formado em direito, Eduardo Alberto Duhalde Maldonado (Lomas de Zamora, província de Buenos Aires, 5 de outubro de 1941) foi presidente da Argentina de 1º de janeiro de 2002 a 25 de maio de 2003. Ingressou na política como vereador, também foi deputado e duas vezes governador da Província de Buenos Aires, além de vice-presidente da República na primeira gestão de Carlos Menem, de 1989 a 1991. Como presidente, enfrentou um período de caos social e econômico do país, determinando a moratória da dívida pública e acabando com a paridade do peso argentino perante o dólar americano.

PROFESSOR MARCOS MACARI:

Formado em Ciências Biológicas, modalidade médica, pela Universidade de São Paulo, concluiu mestrado e doutorado em Ciências na mesma universidade e obteve o título de livre docente pela Universidade Estadual de São Paulo. Com pós-doutorado na Inglaterra, no Japão e no Canadá, é reitor da Universidade Estadual Paulista, vice-presidente do Conselho Superior da Fundação de Amparo à Pesquisa do Estado de São Paulo e diretor da Fundação Apinco de Ciência e Tecnologia Avícolas. Exerceu os cargos de pró-reitor de Pós-graduação e Pesquisa da Unesp, de chefe do Departamento de Morfologia e Fisiologia Animal e de coordenador do Programa de Pós-Graduação em Zootecnia da Faculdade de Ciências Agrárias e Veterinárias – Campus de Jaboticabal. Tem uma vultosa produção acadêmica, sendo autor de vários artigos, trabalhos, capítulos de livros e livros publicados.

SÉRGIO AMARAL:

Bacharel em Direito e Ciências Sociais pela Universidade de São Paulo, fez o doutorado na Universidade de Paris 1 (Panthéon-Sorbonne) em Estudos Especializados em Ciência Política. Cursou também o Instituto Rio Branco. Entre 1981 e 1999, foi professor assistente de Ciência Política e Relações Internacionais da Universidade de Brasília.

Em sua longa carreira diplomática, serviu em Paris (1974 e 2003), Bonn (1978), Genebra

(1990) e Washington (1984 e 1992), exercendo diferentes cargos de destaque, inclusive o de embaixador do Brasil, em Paris e Londres, bem como o de representante do Brasil junto à OCDE, no período de 2003-2005, e embaixador do Brasil em Londres. Atuou representando o país junto a vários organismos internacionais, entre eles o Fundo Monetário Internacional, o Banco Mundial e o Clube de Paris.

No âmbito nacional, o embaixador Sergio Amaral ocupou cargos como ministro de Estado do Desenvolvimento, Indústria e Comércio Exterior e presidente do Conselho do Banco Nacional do Desenvolvimento Econômico e Social , ministro de Estado da Comunicação Social e porta-voz do presidente da República, além de secretário de Assuntos Internacionais do Ministério da Fazenda.

José Augusto Guilhon Albuquerque:

Bacharel em Filosofia pela Faculdade Nacional de Filosofia da Universidade do Brasil, mestre e doutor em Sociologia pela Université Catholique de Louvain, da Bélgica, graduou-se livre docente em Ciência Política na Universidade de São Paulo, atuando nessa universidade também como professor titular de Ciência Política.

Entre os principais cargos acadêmicos que exerce atualmente, destacam-se o de coordenador do Bacharelado em Diplomacia e Relações Internacionais da Universidade São Marcos, desde 2005, o de coordenador Científico do Núcleo de Pesquisas em Relações Internacionais da USP, desde 1990 e o de professor titular do Departamento de Economia da Faculdade de Economia e Administração da Universidade de São Paulo. Lecionou também no exterior, em diversas instituições como a Université Catholique de Louvain (1968-1973), a Georgetown University (1992-1993), a Cátedra Brasil da Universidad Central de Venezuela (2001), e a Cátedra Rio Branco, no The Royal Institute Of International Affairs, Chatham House, Londres (12/2001 07/2002).

TULLO VIGEVANI:

Diretor da Faculdade de Filosofia e Ciências da Universidade Estadual Paulista, no Campus de Marília, e professor livre docente do Departamento de Ciências Políticas e Econômicas, também é coordenador do Programa de Pós-Graduação em Relações Internacionais mantido conjuntamente por três importantes universidades paulistas: Unesp, Universidade Estadual de Campinas e Pontifícia Universidade Católica de São Paulo. Foi professor visitante no Instituto de Estudos Avançados da Universidade de São Paulo, no período de 1993 a 1995.De sua produção editorial destacam-se, entre outras obras, O Contencioso Brasil x Estados Unidos da Informática: uma análise sobre formulação da política exterior (São Paulo: Alfa-Omega/EDUSP, 1995, 349 p.); Mercosul: impactos para trabalhadores e sindicatos (São Paulo: LTr/FAPESP/Cedec, 1998,

312 p.); e A dimensão subnacional e as relações internacionais (São Paulo: EDUC, Editora UNESP, EDUSC, FAPESP, 2004, 462 p.), organizada conjuntamente com Luiz Eduardo Wanderley, Maria Inês Barreto e Marcelo Passini Mariano.

Sérgio Fausto:

Bacharel em Ciências Sociais pela Faculdade de Filosofia, Letras e Ciências Humanas da Universidade de São Paulo (USP), onde também cursou pós-graduação em Ciência Política, Sérgio Fausto exerceu diversos cargos no Governo Federal: foi assessor da Secretaria-Executiva do Ministério da Fazenda (1999-2002), membro titular do Conselho de Administração da Empresa Brasileira de Pesquisa Agropecuária Embrapa (2000 – 2002) e assessor do Gabinete do Ministro do Planejamento, Orçamento e Gestão (1996-1998).

Na área de pesquisa, atuou junto ao Centro Brasileiro de Análise e Planejamento Cebrap (1986-1991) e ao Instituto de Estudos Sociais, Políticos e Econômicos Idesp (1985), tendo produzido vários trabalhos de destaque, entre estes A Política Brasileira de Promoção Comercial (Fundação Alexandre de Gusmão); A Agroindústria Paulista (Secretaria de Planejamento do Governo do Estado de São Paulo); O Sindicalismo de Classe Média e a Democratização (Cebrap); e A Finep e o Financiamento da Pós-Graduação no Brasil (Idesp). Atualmente é assessor do Instituto Fernando Henrique Cardoso.

PRESIDENTES
DA AMÉRICA LATINA

ROBERTO LAMEIRINHAS:

Roberto Lameirinhas é formado em Jornalismo e Relações Públicas pela Faculdade Cásper Líbero. Desde 1987, trabalha no jornal O Estado de S. Paulo, onde ocupa hoje o cargo de editor-assistente de Internacional, responsável pela cobertura de eventos nas Américas. Como enviado especial, cobriu os ataques norte-americanos ao Afeganistão, em 2001, a primeira eleição no Iraque após a ocupação americana, em 2005, além de vários outros acontecimentos políticos latino-americanos, como o retorno de Augusto Pinochet ao Chile após a prisão em Londres (2000), a queda de Alberto Fujimori no Peru (2000) e a nacionalização do gás boliviano por Evo Morales (2006). Também acompanhou de perto as mais importantes eleições da América Latina a partir de 2000.

César Gaviria

Colômbia

Se há alguma coisa na qual nós, os latino-americanos, temos que persistir nestes tempos é compartilhar. Compartilhar nossas paixões, nossas aspirações. Juntos procurar soluções para problemas que parecem cada vez mais complexos: os desafios da globalização, de um mundo relativamente unipolar, e as dificuldades que nossas democracias têm de enfrentar, os tremendos desafios econômicos a nossa frente. São questões para entender e buscar soluções, tarefa difícil, embora hoje mais fácil do que há dois ou três anos atrás. A economia mundial começou a crescer, e a latino-americana também. Alguns países já estão no quar-

PRESIDENTES
DA AMÉRICA LATINA

to ano de crescimento; outros no terceiro. Isso alivia o clima e nos permite mais otimismo, além de taxas de crescimento moderadas para os próximos anos. E digo moderadas porque não sou otimista quanto a alcançar taxas altas. Tivemos tempos duros, uma década de 80 que se não foi perdida foi bastante difícil, e de 1994 até 2003 um período bastante ruim para América Latina. Passamos por três grandes crises econômicas que baixaram as taxas de crescimento, e provocaram retrocesso em alguns países: a do México, a da Rússia que atingiu o Brasil e a Comunidade Andina e alcançou a Argentina, país cuja recuperação veio somente após sua grande crise de 2001. Trata-se de um panorama que tem complicado bastante as expectativas de crescimento e de mudança política que marcaram o começo dos anos 90.

Eu diria que nem todos, mas os latino-americanos tiveram cinco anos de esperanças e ilusões com a queda do Muro de Berlim. A idéia de que íamos crescer de forma igual, que a democracia não iria encontrar mais empecilhos. No entanto, não foi assim. A crise do México representou um alerta, de que nos esperava um mundo mais complexo do que o imaginado. A partir daí começaram aparecer grandes escolhas de natureza política e social. Em princípio dos anos 90 desenvolveu-se um conjunto de normas, de princípios que se denominaram Consenso de Washington, aparentemente capazes de nos levar a altas taxas de crescimento. Achávamos que íamos poder garantir o bem-estar de nossas populações, mas descobrimos, contudo, que essas normas podiam ser necessárias politicamente, porém teríamos problemas econômicos, sociais e até políticos. Que os determinantes seriam eminentemente econômicos é algo que descobrimos de maneira bastante dura; e que os fatores de crescimento não são apenas os econômicos. No começo dos anos 90 também experimentamos mudanças nas relações hemisféricas, bastante disso está ainda por aí. Mas há acontecimentos que considero importantes: até o final dos 80 os latino-americanos achavam que em matéria de democracia, de direitos humanos, tínhamos valores diferentes aos dos Estados Unidos e das normas que regiam o mundo ocidental. Tínhamos o princípio da intervenção bastante enraizado, que não nos permitia nos envolver nos problemas da democracia de outros países, uma visão que mudou bastante. Agora, quando falamos em democracia, entendemos que falamos a mesma língua. Se conversarmos com um russo, com um inglês, com um francês, estamos falando da mesma coisa, sobre o respeito aos direitos humanos. Esta nova comunicação hemisférica representou uma mudança importante, inclusive na área econômica, com relação ao comércio, às regras de mercado. Começamos então a avançar no sentido de idéias comuns. Isto melhorou a relação hemisférica, muito tensa durante a Guerra Fria e no período das guerras centro-americanas que levaram os Estados Unidos a

PRESIDENTES
DA AMÉRICA LATINA

patrocinar todos os problemas em meio à confrontação leste-oeste. A América Latina teve problemas com essa percepção, principalmente a América Central, sobretudo com os Estados Unidos, que foram se resolvendo na década de 90. Pudemos retomar as instituições hemisféricas. Os problemas passaram a ser levados à OEA (N. DO E. – ORGANIZAÇÃO DOS ESTADOS AMERICANOS), e lá examinados. No Brasil e no México, por exemplo, aceitou-se a jurisdição da Corte Interamericana de Direitos Humanos, o que representou um importante avanço. Depois da primeira reunião em Santiago, em 91, assinou-se a Carta Democrática que reflete os valores essenciais com os quais estamos de acordo. Começamos acordando os valores essenciais a proteger, e foi um passo importante, desde a posição que assumi para o sistema interamericano. Foi fundamental atuar no Peru de forma coordenada e regressar daquele país, que de um regime autoritário voltou outra vez, para a democracia. Foi importante também atuar na Venezuela num momento de confronto entre governo e oposição, que sinalizava dias ruins para o país, indicava particularmente um enfrentamento que poderia levar à violência ou ao rompimento das instituições democráticas. Neste ponto, gostaria de dizer que nos aconteceu o que já nos tinha acontecido várias vezes, quanto a simplificar problemas e soluções, e nesse ponto temos sido bastante persistentes os latino-americanos.

Nos anos 60, 70 acreditávamos que a chave para a solução de nossas dificuldades era a intervenção do Estado e o protecionismo, particularmente na esfera industrial. Nos agarramos a essa visão, matamos a economia de mercado bem mais do que o desejável; envolvemos o Estado mais do que deveríamos, muitos governos latino-americanos cometeram erros de planificação e chegamos a taxas de inflação que, recordando hoje, mostram-se absurdas. Contudo, foi com os olhos bem abertos que chegamos a tal situação. Em outro momento, nos aconteceu o mesmo durante alguns anos. Acreditamos que o emprego dos mecanismos de mercado e que a redução da inflação iriam resolver todos os problemas econômicos e sociais. Tivemos, então, que começar a encarar a realidade. Os latino-americanos acreditam que com duas ou três providências tudo se resolve, sempre queremos lançar mão de uma fórmula: basta privatizar e usar o mercado. E isto simplesmente não é verdade.

A questão da volatilidade de capitais, cujo início data de 94 e vai até 2003, que olhamos como se viesse de fora como o efeito mais indesejável da globalização, tem sido devastadora na América Latina, e tem provocado muitos problemas na região. Afetou o México, depois a Ásia e o Brasil, que foram obrigados a tomar medidas como terminar com a taxa de câmbio fixa. Na Venezuela e no Equador ocorreu um retrocesso significativo; na Argentina igualmente e, na seqüência, veio a crise argentina que afetou especialmente a América do Sul e elevou seu custo. Quero discorrer um pouco mais sobre este tema em particular, já que a volatilidade de capitais que temos não nos permite contar com nenhuma taxa de crescimento, e aí se encontram dois fatores, ou mais até. Um, em grande medida, é culpa nossa: antes de tudo, taxas de poupança muito baixas; eterno problema da América Latina que nos levou às crises dos anos 80, a chamada crise da dívida, óbvia quando se investe e se gasta sem ter. O mercado apenas está atento, compra bônus e gera tal situação, séria, porque latente, e que provocou as crises do México, do Brasil e da Argentina. Não encontramos a forma de resolver a questão; sabemos algumas coisas como, por exemplo, que as previdências privadas ajudam a elevar um pouco as taxas de poupança. Do jeito que está o déficit público, não é que as taxas de poupança subam, mas fazem com que setor público poupe um pouco. Salvo o Chile que conseguiu alcançar uma taxa de poupança razoável, embora nada de outro mundo, creio que da ordem de 28%, os demais temos taxas de poupança bastante baixas, o que faz com que a cada três anos enfrentemos uma crise. Tomara que não volte a acontecer, mas precisamos saber que se trata de uma enorme limitação para o nosso crescimento.Quando não se tem poupança, está todo o tempo tomando empréstimos, e pagando a dívida com recursos de empréstimos o que gera uma enorme vulnerabilidade. Um exemplo interessante: por ocasião da crise Argentina os japoneses tinham mais do que dobro de dívida pelo produto bruto interno que os argentinos. Ocorre que é mais fácil ficar nessa situação com taxas de poupança de 30% do que com taxas de 14%, e mesmo menores. Japão ainda hoje deve 100 vezes 100% de seu produto e ninguém está comentando a dívida japonesa, nem falando em crise. Aqui há uma vulnerabilidade da qual não podemos escapar. Por outro lado, também há o problema da falta de regulação do sistema financeiro. Não no Brasil, mas no México, na Argentina e nos demais. Falta informação aos mercados; vários pontos que se vem corrigindo, uma vez que a cada crise aprendemos um pouco. A volatilidade também tem outra face, o sistema financeiro internacional despreparado para estes tempos da globalização e com os fluxos financeiros em crescimento centenas de vezes, portanto a cada crise o sistema não é capaz de enfrentar, não tem recursos. Eu lembro quando ocorreu a crise no Brasil em 99, e havia crise na Coréia, na Indonésia, e a crise da Rússia continuava. Fora isso, o FMI (N. DO E. – FUNDO MONETÁRIO INTERNACIONAL), perdeu algo mágico que tinha antes: anunciava-se que um país tinha um programa com o Fundo e acabavam-se os problemas. Hoje, os mercados nem tomam conhecimento e o sistema não tem recursos para fazer frente a uma situação assim; é uma tendência perigosa.

Como fizeram essa operação com o tesouro do México, cada vez que os Estados Unidos anunciam que vão pôr algum recurso disponível para um país, esses senhores saem dizendo que é um tax payer americano, que isso é um bay low. Coisas assim, que parecem querer tirar do sistema financeiro esse papel tão importante. Então por um lado temos um problema endógeno e por outro uma variante externa, conseqüentemente uma vulnerabilidade, uma dependência, uma volatilidade que nos castiga demais. Agora, neste seminário, falávamos que a América Latina tem um problema muito sério: depende demais do comércio para seu crescimento. E digo isto porque não temos como ter taxas de investimento e altas taxas de poupança, uma vez que a vulnerabilidade nos impede e passamos anos buscando investimentos fora.

Pode-se pensar que estou exagerando um pouco, mas sabe qual é a taxa de crescimento na China? Quarenta por cento. Ou seja, nós em alguns casos não chegamos à terceira parte disso, e com os níveis mais altos de investimento estrangeiro e créditos para fazer investimentos. Por que a China cresce a 10%? Não é magia. De alguma maneira a economia do país está funcionando, e na minha opinião por um fator que na América Latina apresenta um caráter complexo: o asiático tem muito mais Estado do que nós; acredita mais no Estado, que também é mais eficiente do que os nossos. O fato é que eles não sofreram uma crise igual a nossa, o Estado não significou para eles oque significou para nós nos anos 80: na América Latina é quase pecado dizer que se deve favorecer o Estado, o que provoca uma enorme limitação, ou seja, não crescemos mais porque nossos estados não regulam visando o crescimento.

Outro dia li um livro de Fukuyama (N. DO E. – FRANCIS FUKUYAMA, CIENTISTA POLÍTICO NIPO-AMERICANO) sobre a importância do Estado; também li North (N. DO E. – DOUGLAS CECIL NORTH, PRÊMIO EM CIÊNCIAS ECONÔMICAS), um prêmio Nobel, que destaca as instituições e o crescimento econômico. Pois não estaria aí a nossa grande diferença com os asiáticos? Eles têm poupança, investimento, mas também um Estado forte. Apesar dos problemas, a China se manteve una porque teve Estado. Confúcio era firme quanto aos deveres dos funcionários públicos, é uma questão histórica, de séculos atrás. Japão igualmente. Ou seja, o Japão antes da Segunda Guerra, e a Alemanha são países que tinham estados poderosos e provavelmente não dispunham de setores privados poderosos. Os latino-americanos, e evidentemente não se pode dizer de uma maneira absoluta, temos muito mais problemas com nossos sistemas educativos que não alcançam ou expulsam grande parte da população. O que se chama de deserção não é deserção, o sistema simplesmente expulsa. As crianças que vêm de famílias analfabetas, famílias com problemas de nutrição, os sistemas educativos não alcançam. Este é um problema do México, do Brasil, para não falar dos demais. Talvez não do Chile, nem do Uruguai e da Costa Rica, mas aí terminam os exemplos positivos. E saúde e justiça? A justiça no Brasil é bastante lenta. É preciso retomar as discussões sobre o Estado e sobre política, sempre me preocupou muito, e tenho me incomodado bastante, que a reflexão via de regra gire em torno da economia.

A Índia não é fácil de entender. O país está começando a crescer a taxas similares às da China. O Estado indiano parece caótico como os nossos, a gente vê a desordem. Então por que o país está crescendo assim? Entraram na área de serviços, educaram-se engenheiros, trabalham em ciência e tecnologia, em informática, mas não é somente por isso. Outro dia me deparei com o livro de um professor da Universidade de Columbia, que fala sobre temas ligados à globalização, e menciona que metade das Ongs está na Índia, quer dizer as bases da sociedade civil se organizaram para substituir as deficiências do Estado. Só assim podemos entender como está crescendo esse país, que não é como a China, um dos mais homogêneos do mundo, onde 80 % do povo tem uma só origem. A sociedade indiana, ao contrário, é talvez a mais diversa do mundo, provavelmente apenas a Indonésia equipare-se em diversidade lingüística e religiosa, e apesar disso a Índia está crescendo a taxas que são o dobro das nossas. É um grande desafio para a América Latina saber que um país como a Índia, com os problemas que tem, com um Estado que se parece muito com o nosso, está conseguindo crescer o dobro do que nós.

Na verdade, mais que o dobro porque nós chegamos a quatro, 4,5%, mas nesse meio estão Argentina e Venezuela, que se encontram em circunstâncias excepcionais e tendem, portanto, a elevar os índices.

Devemos refletir e ver como encarar a questão. Temos problemas sérios para resolver em termos de investimento. O Banco Mundial e o BID (N. do E. – Banco Interamericano de Desenvolvimento) até alguns anos atrás financiavam facilmente a infra-estrutura dos nossos países. Brasil, em certos períodos, não tem precisado, mas apela em tempos difíceis e tem-se movimentado razoavelmente para a obtenção de créditos para setores sociais. Mas o que acontece? Na medida em que América Latina começou a crescer novamente, a necessidade de infra-estrutura começou a aparecer, e então como financiar? É um grande desafio. Aí deixamos o setor privado assumir os serviços públicos, mas logo vamos ter problemas, e a crise energética brasileira é um exemplo.

Eu tenho sido um economista relativamente ortodoxo, e tenho acreditado na mobilidade dos capitais. Há quem defenda a globalização desde o primeiro momento até o último, dizendo: *o comércio, o comércio, o comércio, e termina com: mas a liberalização financeira... quem sabe.* Ou seja, a mobilidade financeira, os capitais financeiros como se movimentam em nossas economias, quem sabe. Se não, de repente, tomam-se medidas como as que em algum momento lançaram mão o Chile, o Brasil, e também a Colômbia e a Malásia, porque nós não resistimos a uma crise da magnitude da que estamos tendo, sem pôr em perigo a democracia. Os problemas que têm surgido na região andina, aqueles que acontecem na Venezuela, na Bolívia, no Peru e na Colômbia têm razão de ser, já que sem crescimento as pessoas se desesperam, perdem a fé e enveredam por caminhos como os que cursam por lá. Porque as pessoas estão perdendo confiança no sistema, estão tomando rumos e elegendo lideranças que são um pouco populistas? Bom, em grande medida por isso: porque nós não pudemos lhes oferecer bem-estar.

Quando não crescemos não temos nada para oferecer, não importa o que se faça, tomam-se medidas, mas não se melhora a situação das pessoas, o que tem sido um problema muito sério na América Latina. Que o povo tenha paciência é outra coisa, mas ele começa a acreditar que a democracia é a responsável pela situação. Como passa a achar que o mercado é o culpado pelos problemas. Mas em geral a América Latina tem mais problemas pelo que não fez do que pelo que fez. Eu não acredito que o que foi feito tenha sido tão equivocado, acredito é que tenha sido insuficiente. Precisamos encarar de maneira mais vigorosa o caminho das reformas políticas e econômicas, contemplar melhor a questão da pobreza. Eu não acredito que a pobreza esteja aí porque fizemos umas reformas econômicas nos 80 e 90. Está sim porque não fomos capazes de educar as pessoas, uma vez que a educação pode tirar o indivíduo da pobreza. Fizemos descobertas nestes anos, e que não são menores porque têm relação com o crescimento, o respeito ao Estado de direito, à paz social. Em parte os amigos chilenos têm avançado porque conseguiram um clima de estabilidade muito melhor que o nosso e têm resultados para mostrar. Tiveram alguns problemas para crescer de 1999 a 2003, porque a crise Argentina afetou muito. Os chilenos não são um bom exemplo, já que seus desafios não têm a magnitude dos desafios do Brasil, da Colômbia, do México, com um contingente de cidadãos em situação de pobreza vivendo em regiões superatrasadas. O exemplo chileno se parece mais ao de cidades como Singapura, Hong Kong, cidades-estado onde é possível que determinado tipo de modelo e de políticas resolva os problemas das pessoas. Nós tomamos medidas e só resolvemos a vida da fatia que está na economia de mercado, as que estão fora não se beneficiam. Acredito muito nos temas do comércio e vou citar o caso do México.

O embaixador Rubens Barbosa brigou comigo porque lhe pareceu que eu defendo... Bom, parece-me que o Tratado de Livre Comércio com os Estados Unidos tem sido muito útil para o México: criou empregos de qualidade, ajudou o país a passar por uma crise muito complexa, porém o México não conseguiu elevar sua taxa de crescimento, que segue a três, 3,5%, e não passa disto. Os trabalhadores não qualificados não se beneficiaram significativamente e as zonas que não são exportadoras também. O comércio é um instrumento que não resolve os problemas dos países nem substitui outras decisões que devem ser tomadas. Eu acho que para o Brasil, para a América Latina, a Rodada de Doha se dê, o que parece não estar ao alcance da mão, mas é importante, o comércio é muito importante para o seu crescimento. É difícil um crescimento a taxas razoáveis na América Latina sem um bom comportamento do comércio. O que tem acontecido nos últimos três anos é comércio. O que aconteceu na América Latina? Claro, foi ajuste, mas é comércio, basicamente comércio. Sem essas condições, nos dá muito trabalho crescer ainda que de forma moderada.

Sobre democracia e instituições, gostaria de fazer algumas considerações. A primeira é que na América Latina as experiências autoritárias se esgotam. Nós temos que desenvolver nossos sistemas políticos, isto é importante, a independência dos poderes é muito importante no mundo contemporâneo. O que aconteceu na Venezuela: onde se perde a independência dos poderes, perdem-se os contrapesos democráticos, perde-se muito o sentido do que é democracia. São temas que devemos estar sempre trabalhando. Não é um problema do Brasil, mas é um problema do Peru, do Equador, da Venezuela, na América Central também há problemas assim, portanto temos que estar atentos: as experiências autoritárias na

América Latina se esgotam e aí aparece a participação política. Eu gosto de chamar de participação política porque de outro ângulo há a participação da sociedade civil que é como se fosse outra versão da participação política. Na participação política as pessoas se sentem tomando decisões; na participação da sociedade civil elas se organizam para defender determinados interesses ou pontos de vista. Na verdade, estas são coisas que chegam com a descentralização, com o desenvolvimento das democracias locais.

Voltando, a questão dos partidos políticos é muito importante. O mundo anglo-saxão esteve tratando de nos convencer de que a democracia na América Latina passava pelo fortalecimento da sociedade civil, e havia um certo desprezo pelo tema dos partidos políticos. Já mudaram, não pensam assim. Perceberam que não há como desenvolver uma democracia sem desenvolver partidos políticos vigorosos. É fundamental. Um dos grandes problemas que a Venezuela teve é que seu sistema de partidos políticos se desencaixou; eles perderam seu prestígio, sua capacidade de mobilização, e terminaram metidos numa experiência bastante complexa. É o que também aconteceu no Peru. O que o presidente Fujimori fez naquele momento, só fez porque os partidos políticos do país se debilitaram demais e tudo culminou no autoritarismo, na falta de controle político que acabou em uma corrupção descomunal. Quando as experiências autoritárias se aprofundam, perde-se o controle.

Também fundamental na América Latina é a questão dos direitos humanos. Em muitos de nossos estados, há o sentido da arbitrariedade, sobretudo entre os funcionários públicos. Eu digo pelo meu país, onde ainda há muito rescaldo de arbitrariedade, nas forças policiais, por exemplo. Na minha opinião, construímos um sistema frágil e pouco abrangente de direitos humanos que deve ser fortalecido. Não imaginamos o grau de arbitrariedade a que muitas autoridades podem chegar por não terem um contrapeso. A falta de transparência e a corrupção são extremamente desgastantes para os sistemas políticos. Nada se controla se não com muita transparência. Legislações mais transparentes, controle político, defesa da liberdade de imprensa e de expressão de uma forma quase que obsessiva. Por exemplo, no caso da Venezuela, a defesa da liberdade de imprensa e de expressão é o mais importante, é o contrapeso à idéia de que o mesmo partido político controla todo o poder público, uma idéia complexa que pode acabar mal.

Temos que encontrar uma saída que está além da questão da democracia. Felipe González, ex-presidente do governo espanhol, uma pessoa muito respeitada por todos, certa ocasião usou uma expressão que me parece muito feliz: "Os presidentes da América Latina são escolhidos por um programa de desenvolvimento e todos terminam num programa de ajuste econômico". É uma tragédia para a América Latina porque gera frustração o fato de os presidentes nunca conseguirem cumprir as promessas que fizeram a seus eleitores. Temos que ser conscientes da magnitude dos nossos problemas econômicos, ainda porque são muitos.

Também não estou satisfeito da maneira como estamos nos saindo. Alegro-me por estarmos crescendo outra vez, mas me assusta muito a vulnerabilidade do processo e como estão questões aparentemente sem saída. Fico preocupado em continuarmos a cada três ou quatro anos na expectativa de uma crise que vá deter nosso crescimento, ou seja, nossas sociedades vão sofrer muito e cada vez vamos ser menos capazes de responder às aspirações das pessoas. Claro que observamos sintomas de que estamos crescendo e tomara seja possível seguir assim, mas vou dizer uma coisa que não sei se soa exagerada: para mim, um país como Brasil, enquanto não for capaz de assegurar um crescimento de cinco, 6% não vai conseguir encarar seus problemas sociais e políticos, portanto precisa se esforçar para chegar à meta. Se nos conformamos com taxas de 3,5% ou de 4% ficaremos atrasados na economia mundial. Porque já não são dois países da Ásia, não é a Índia, não é a China; são Indonésia, Taiwan, Tailândia, Malásia, Camboja, Coréia, todos os pequenos, inclusive estão crescendo a taxas acima de 7%. Ou seja, o que acontecerá com a América Latina? À exceção dos chilenos, que nem sequer estão alcançando os 7%, nenhum outro país está sendo capaz de chegar a taxas assim. A situação da Venezuela, o petróleo explica, a da Argentina, a superação da crise que enfrentou, mas podemos estar seguros de que tais fatores se esgotam.

Precisamos fazer mudanças políticas, criar para as pessoas a sensação de que a sociedade está mudando, de que as instituições se estão reformando, de que as políticas públicas estão sendo discutidas. Tudo está um pouco messiânico. É simplesmente a idéia de que há um senhor que resolve meus problemas e eu não tenho que me preocupar e não tenho que aportar, tudo está bem. É uma idéia fatal, uma vez que sempre conduz a uma frustração: não é verdade que estejamos resolvendo os problemas, não é verdade que estejamos mudando as instituições porque as políticas públicas deixam a desejar em muitas frentes. Sem iniciativas, a América Latina não vai ser capaz de encarar os desafios que impõe a globalização, da qual, aliás, não podemos escapar, é o cenário que nos toca e eu acho que estamos deixando de tomar muitas das providências que deveríamos tomar para aproveitar melhor as oportunidades ou ter uma melhor situação e melhores resultados diante da economia mundial.

César Gaviria

DEBATE

Celso Lafer:

Quero começar com um pequeno comentário sobre a lógica que nos levou a este esforço de trazer eminentes figuras para dividirem conosco sua experiência sobre os grandes temas da nossa região, os problemas econômicos, os problemas políticos, os temas da democracia.

A palavra experiência, como sabem, vem do latim experire, quer dizer ensaiar, testar, por à prova, e também tem o significado de provação e dificuldade. A idéia de pedir a nossos ilustres convidados que tragam a narrativa de seus temas e das dificuldades que enfrentaram tem como objetivo uma espécie de pausa para

Presidentes da América Latina

pensar. Quando alguém narra alguma coisa, acaba pensando sobre o significado do que fez e os desafios que tem pela frente. Na exposição de hoje, do ex-presidente Gaviria, todos estes temas vieram à tona, da época em que ele foi responsável pela presidência da Colômbia, e também pela larga compreensão dos problemas latino-americanos que adveio do período em que exerceu o cargo de Secretário Geral da OEA (N. do E. – Organização dos Estados Americanos). Passo a palavra ao Embaixador Rubens Barbosa.

Embaixador **Rubens Barbosa**:

Eu tive a oportunidade de acompanhar o trabalho que o Presidente Gaviria desenvolveu à frente da OEA em momentos críticos em que problemas da democracia estiveram bastante visíveis. O papel que ele desempenhou na luta para manter as instituições, manter a democracia na região foi muito importante. Inclusive se criou na OEA a Carta Democrática que veio dar um sentido a esse trabalho.

Na exposição me chama atenção o seguinte: seria desnecessário dizer que concordo com a maioria dos temas levantados, mas queria chamar a atenção para três pontos que eu acho importantes: o primeiro refere-se à questão do papel do Estado. Num mundo globalizado, em grande parte por razões ideológicas, procurou-se diminuir a importância do Estado. Nós vemos no Brasil e em outros lugares, e eu que tive o privilégio de morar por muito tempo em dois países, na Inglaterra e nos Estados Unidos, em que o liberalismo e o setor privado, a ausência de interferência do Estado é muito grande, pude verificar a importância do Estado na economia, na sociedade em geral. Na globalização na qual nós estamos hoje, ao contrário do que muitos pensam, é cada vez mais importante o papel do Estado, como o presidente Gaviria ressaltou. Não como produtor como no Brasil hoje, como no passado, substituindo o setor privado, mas como regulador. Na minha opinião, uma das deficiências aqui no Brasil, que nós estamos verificando, é justamente a falta de uma visão clara deste papel regulador do Estado. As agências reguladoras foram esvaziadas, foram deturpadas e eu acho que o fato de o Presidente Gaviria chamar a atenção sobre este aspecto é muito importante. No mundo globalizado em vez de o Estado desaparecer, tem, ao contrário, que se fortalecer como um órgão regulador que permita o equilíbrio na sociedade, por causa da abertura que produziu com as privatizações. Este é o primeiro ponto: é muito importante este papel do Estado, não intervencionista, não produtor, mas regulador.

O segundo ponto é o papel do comércio e do crescimento. Nós, sobretudo lá nos Estados Unidos, cansamos de ouvir a retórica dos países desenvolvidos, a de que o livre comércio é importante para a democracia e para o crescimento. E nós não estamos vendo isso. E por outro lado, o livre comércio pregado pelos países desenvolvidos vem acompanhado de muitas medidas restritivas, protecionistas e em muitos casos prejudiciais ao comércio dos países em desenvolvimento. Se nós pensarmos as restrições, os subsídios que afetam não tanto países grandes como o Brasil, mas aqueles menores, da África, da América Central, nós vemos que nem sempre, como reza a cartilha dos países desenvolvidos e a retórica de seus políticos, o livre comércio leva ao crescimento e à democracia. E o livre comércio, como eles pregam, nem sempre é livre, e é restritivo, e não leva em consideração as necessidades dos países em desenvolvimento e dos países mais pobres.

E o terceiro e último ponto que eu queria destacar refere-se ao crescimento. Acho que durante a década de 90 todos os países da região – e foram somente os países da região, não os asiáticos – compraram uma idéia que permeou no Banco Mundial e no Fundo Monetário, os dez princípios do Consenso de Whashington. Os países da região ideologicamente compraram a idéia por meio das condicionalidades do Fundo Monetário e do Banco Mundial e tiveram que aplicar estes ajustes econômicos, cada um deles isoladamente muito importante, e devia ser um fato normal que fossem aplicados, mas foram aplicados como uma ideologia sem considerar as implicações sociais de tais medidas. Isso na minha opinião está acarretando essa mudança no humor político aqui na região e a emergência de toda uma onda de líderes populistas e líderes esquerdistas. Eu acho que são os três pontos que eu queria ressaltar da importante manifestação feita pelo presidente Gaviria.

Yoshiaki Nakano:

A exposição do presidente Gaviria foi extremamente lúcida. Ele conseguiu em pouco tempo percorrer algumas das questões fundamentais da América Latina e evidentemente do Brasil. Primeiro apontou uma característica cultural latino-americana, a das pequenas fórmulas, de tentar resolver grandes questões com duas ou três providências. Na minha opinião, isto está relacionado com a segunda grande questão que ele colocou, a da volatilidade do fluxo de capitais. Acredito que dada a nossa herança cultural, a mentalidade colonial que persiste ainda, nós achávamos na década de 90 que todo o problema do crescimento se resolveria com a abertura da conta de capital ao exterior. Se o mercado for eficiente e se retirar o Estado, os recursos seriam alocados para investimento e teríamos crescimento. O que nós assistimos foi o contrário: a cada dois, três anos, sucessivas crises. México, Ásia, Rússia, Brasil, a Bolsa de Nova York, Turquia, Argentina e novamente Brasil. Nestes últimos três anos é que temos estado, por enquanto, imunes, embora sujeitos a qualquer momento.

A questão do fluxo de capital, como foi muito bem colocada, está relacionada ao problema da poupança. Aí, eu discordaria do Pre-

PRESIDENTES
DA AMÉRICA LATINA

sidente, dizendo que nós temos uma enorme capacidade de poupança, mas é exatamente a atração de capital estrangeiro que reduz a nossa taxa de poupança. Pegasse o caso brasileiro: no início dos anos 90 nós tínhamos ajustado relativamente bem a economia, as transações correntes estavam equilibradas, o déficit público eliminado. Quando abrimos a conta de capital a partir de 91, passamos a ter um déficit nas transações de 4% do PIB. Depois da crise de 99 e a partir de 2003 nós conseguimos aumentar a taxa de poupança em 8% do PIB e hoje nós temos praticamente um superávit de transações correntes de 2% do PIB. Eu acho que América Latina tem uma capacidade enorme de fazer os ajustes, apenas temos que mudar a política e aí entra a terceira questão: como crescer. Por que parte dos países asiáticos cresce duas vezes mais do que o Brasil e alguns países como a China crescem sistematicamente três vezes mais do que o Brasil? Como tornar a economia latino-americana menos vulnerável envolve um conjunto de questões. O que fizemos de errado? E o que fazer para crescer a taxas asiáticas, o que considero perfeitamente possível. Da década de 1940 até os anos 80 o Brasil cresceu a 7% ao ano. Por que nos perdemos nesse processo? Por que não conseguimos mais voltar a crescer a taxas que crescíamos no passado?

Outro conjunto de questões fundamentais refere-se ao problema do Estado. Por que o Estado é tão ineficiente? Por que temos tanta burocracia e por que o Estado latino-americano é tão distante da sociedade, do cidadão? Acredito que o presidente Gaviria esteja propondo uma mudança política, afirmando que é preciso reformular os partidos políticos, que só com mudança política, reforço da democracia, com a sociedade organizada por meio de partidos e retomando o controle do Estado teremos uma democracia plena na América Latina. Hoje, temos uma democracia muito mais formal do que real e efetiva, uma vez que há um problema sério no nosso sistema político, que as demandas sociais não se traduzem em ações efetivas, em respostas por parte do Estado.

Em relação ao primeiro conjunto de questões eu acho que fica muito claro quando você compara a estratégia de crescimento dos países asiáticos com a dos países da América Latina, mais ainda se você voltar ao período do pós-guerra. Como o presidente diz, temos um mundo unipolar, a hegemonia americana é absoluta, e uma série de razões justifica isto. Basta verificar como o Japão e a Europa reconstruíram a indústria destruída pela guerra, como os tigres asiáticos primeiro copiaram o modelo japonês e mais recentemente países como a China e a Índia também, rigorosamente o mesmo modelo. Portanto, relembrando um pouco, o modelo criado para a reconstrução da Europa foi um modelo em que os Estados Unidos, para enfrentar a ameaça soviética, abriu a economia: exportem para os Estados Unidos,

PRESIDENTES
DA AMÉRICA LATINA

recuperem o emprego, reconstruam sua indústria e assim vocês podem expandir o mercado interno e crescer. E como se faz isso? Desvalorizando e fixando o câmbio e controlando-se o fluxo de capital: no artigo 6 do Acordo de Bretton Woods, está explicitamente claro que os países signatários concordam em controlar o fluxo de capital para manter a taxa de câmbio fixa, tornando a economia mais competitiva. Exporta-se, gera-se emprego e vamos crescer para ajudar o investimento, ter juros baixos e crédito à vontade. Para garantir estabilidade e austeridade fiscal, esta foi a fórmula, e é rigorosamente a fórmula que os países asiáticos em geral têm insistido em copiar. O único país que foge a essa regra, particularmente no que tange a austeridade fiscal, é a Índia, que por isso mesmo vai enfrentar um sério teste, uma vez que sua dívida interna é muito grande, um déficit enorme, e trata-se de uma economia que pode ser desestabilizada, sobretudo se continuar com a abertura de capital.

Então, está muito claro, a grande restrição para o crescimento da América Latina é o que Celso Furtado chamou de insuficiência dinâmica do mercado interno. Nós montamos uma estrutura produtiva desarticulada, de forma que não somos capazes de gerar dinamismo interno para o autocrescimento. Então, a saída é crescer para fora, e é óbvio que é mais fácil. No Brasil, representa um pouco menos de 1% das exportações mundiais, você vai penetrar no mercado externo com enormes possibilidades e é isto que todos os países que cresceram fizeram. E aí há a variável chave, estratégica em que se define o jogo no mundo globalizado de grande competição e a competição entre nações, a taxa de câmbio. O grande problema da América Latina que nós ainda não compreendemos é que a taxa de câmbio é um instrumento, a variável central que define o jogo da competição global. Competição não é entre empresas, competição é entre nações. Os mercados são nacionais porque estão sujeitos à jurisdição nacional. Não há como competir no mercado global sem administrar corretamente a taxa de câmbio. E aí nós temos um viés colonial de acharmos que estamos melhor quando o real está valorizado, quando a nossa moeda está valorizada. Você aplaude, pode viajar para o exterior e se sentir mais rico. Mas isso não resolve o problema do crescimento. Mais: os asiáticos que adotaram essa estratégia, tanto o Japão, quanto a Alemanha no início, descobriram que uma forma de você elevar a taxa de poupança doméstica é a moeda desvalorizada. Você torna o salário em moeda estrangeira para as empresas que exportam muito mais baixos do que no exterior. É só fazer uma legislação e fazer com que esse lucro extraordinário seja reinvestido, não é tributado, você estimula fortemente o investimento. Resolve-se o problema da poupança doméstica e com câmbio competitivo você estimula e permite aumentar as taxas de investimento. Acho, então, que existe uma fórmula a ser seguida que traria de volta o crescimento, e não há nenhuma razão para que a América Latina não possa crescer a taxas asiáticas, não digo como as da China, mas como as asiáticas, podemos perfeitamente.

Quanto à questão do estado da democracia, algo que nós temos debatido muito no Brasil nos últimos anos, porque o Brasil é pior que o resto da América Latina, uma vez que o Estado brasileiro é o dobro comparado aos demais países da região. Enquanto a carga tributária de países como a Argentina, o México e o Chile oscila entre 20 e 17% a nossa está em 38% do PIB. Quando você pega gastos de consumo do governo, tirando os juros, porque aí estamos disparados na frente, o gasto de consumo do Brasil é mais ou menos o dobro dos demais países da América Latina. Será que o Estado brasileiro oferece melhores serviços do que estes países? Duvido. E aí há razões históricas que hoje os estudiosos que retomaram pesquisas descobriram tratar-se de um problema de herança institucional. Nós herdamos do período colonial, instituições que são contrárias ao desenvolvimento, instituições que não promovem o desenvolvimento. São instituições mais voltadas a extrair renda da sociedade e de setores produtivos. É a herança da metrópole que montava o Estado para extrair da sociedade e praticamente via a sociedade como inimiga. E estas instituições e esta cultura infelizmente persistem, e ainda estão por traz da arbitrariedade que a burocracia policial impõe ao cidadão e que diferentes segmentos do Estado sentem-se donos do Estado, se apoderam dele, privatizam o Brasil-Estado.

E num país como o Brasil, de dimensões muito grandes, aconteceu também que, em certas regiões, nós tivemos um crescimento da produção e aí surgiu uma questão dramática, e isto é verdade para o Brasil e é verdade também para Argentina. Acabei de descobrir outro dia que na Argentina se processa o mesmo fenômeno, a elite das regiões pobres acaba se aliando à burocracia e monta um Estado extremamente centralizador. O Estado que transfere renda das regiões produtoras ricas para as regiões pobres, mas que a elite e a burocracia se apropriam. E você pode verificar isto no nosso Congresso, não existe proporcionalidade de votos da mesma forma que não existe na Argentina. Um argentino que mora em Buenos Aires vale muito menos do que um que mora num estado longínquo, da mesma forma que um paulista vale 16 vezes menos do que vale um piauiense em sua representatividade. E isto gera todo um Estado extrativista, que extrai da sociedade, que extrai de regiões ricas para transferir para regiões pobres, mas não para promover o desenvolvimento local, para simplesmente se apropriar.

Agora se fez uma pesquisa para saber quanto se canaliza de recursos e aí descobriram o seguinte: que da despesa corrente do governo, 80% é despesa de pessoal e mais, que quando você aumenta a transferência de recursos de regiões ricas para as pobres aumenta o diferencial de salário do funcionário da burocracia em relação ao salário de mercado. O salário de funcionário público brasileiro já é muito mais alto que salário de mercado. Comparando categoria por categoria, quando se aumenta a transferência este diferencial aumenta. Claramente mostrando que a elite política e a burocracia se apropriam das transferências em vez de promover o desenvolvimento.Então eu acho que se requer uma mudança política para modificar minimamente a problemática do Estado brasileiro.

César Gaviria:

O Brasil é o único país da América Latina onde a planificação teve sucesso. O fato está relacionado ao que aconteceu no país nos 50 e 60. É um caso único. Quando olhamos Peru, Chile, Venezuela, vemos erros enormes em decisões que o Estado tomou, ineficazes em termos de crescimento econômico. Japão é um caso de planificação bem sucedido, como a Coréia, a China, e de alguma maneira a Malásia. São exemplos que o Brasil deve observar, já que os demais estados latino-americanos se equivocaram; cometemos erros graves, investimos em setores errados.Estes exemplos servem, já que o Brasil precisa voltar seu olhar para ver o que se fez nestes países, porque os outros estados latino-americanos se equivocaram muito planificando, cometeram enormes erros, investiram em setores que não era para investir.

Na América Latina a planificação gera corrupção. As decisões estatais são vistas como corrupção, como privilégios, o que não ocorre na Ásia, capaz de programar sua economia, programar setores e desestimular outros sem ter o mesmo problema. O tema do embaixador Barbosa é o Estado. Eu acredito que a grande deficiência do Estado latino-americano hoje é a regulação. É preciso sair de esferas nas quais o Estado não deveria estar e coloca uma quantidade enorme de recursos. Assim, ao privatizar bancos e indústrias restam ao Estado as áreas que de alguma forma estavam mais atrasadas. E há uma coisa que os asiáticos sabem e nós temos que aprender: para desenvolver um setor tem que se colocar nele o melhor dos seus recursos humanos.

América Latina é de longe a região mais insegura do mundo. As taxas de homicídio são seis vezes a média mundial, uma vergonha. Na Ásia, na Índia, ninguém alerta quanto a assaltos, ninguém recomenda "cuidado é perigoso". Isto ocorre porque não valorizamos nossos recursos humanos, ninguém quer se policial, há 100, 200, 500 cargos mais importantes que ser diretor da polícia de São Paulo. E claro, a insegurança da cidade é como é.

Quanto à questão do comércio, acredito que o comércio deva beneficiar as duas partes. Tem de ser justo, equilibrado, é preciso negociar bem. Tomara que saiam os acordos da OMC (N. do E. – Organização Mundial do Comércio), que vocês possam fazer um acordo

PRESIDENTES
DA AMÉRICA LATINA

com os Estados Unidos, com ou sem ALCA (N. do E. – Área de Livre Comércio das Américas), já que faria bem à economia. Vocês têm tido experiências ruins com a Europa, se olharmos as cifras aterradoramente desequilibradas, portanto não têm razão de ser, para não dizer que se trata de um mercado com muita limitação para o Brasil.

Quanto ao Consenso de Washington, não acredito que sejam regras equivocadas. O que acontece é que são insuficientes e partiram de um postulado equivocado, que prega que o crescimento tem uma origem econômica. O crescimento vem, claro, com a aplicação de algumas regras, mas há pontos mais importantes, entre outros, que o Estado funcione bem, que haja educação de qualidade, sistema de saúde, tudo isto é o mais importante para o desenvolvimento econômico. Absolutamente fundamental, e algo que nós latinos não somos capazes de desenvolver bem.

Sobre as taxas de câmbio, estou de acordo com os que acreditam que é importante instrumento de desenvolvimento, o problema é que com as normas que nós funcionamos não temos como determiná-las. Ou seja, precisamos da capacidade e do poder de regulação de um Estado asiático para poder definir a taxa de câmbio, fazê-la respeitada e mantê-la. Nós não somos capazes. Brasil tinha uma taxa um pouco sobre-valorizada e foi um pouco traumático sair dela, e eu estou seguro de que hoje gostariam de mexer um pouco, mas não têm como. Repito: são necessários um poder regulador e um Banco Central mais poderoso, o que nós os latinos não temos. De todo modo, é um tema que merece ser observado novamente. Entre outros pontos, quando falamos de liberdade de capitais, o mais importante é não deixar que os recursos saiam quando vão fazer falta ou em épocas de crise, ou não deixá-los entrar, e esta experiência de maneira limitada, eu o digo pelo Chile, e em menor medida por Colômbia, porque é muito traumático não deixá-los sair. O que é preciso fazer é não deixá-los ingressar, exceto sob determinadas condições, como, por exemplo, permitir a entrada de recursos que fiquem por um ano. Ou seja, limitar o capital "andorinha", fazê-lo entrar em condições que não desestabilizem a economia num momento de crise. E eu acho que não acontece nada se um país faz o que fez a Malásia, por ocasião da crise asiática, que limitou a saída e a regulou. Não há porque se assustar com isto. Devemos voltar ao tema, olhar a planificação, verificar o que se pode fazer com a taxa de câmbio. Depois, ver o que se pode fazer para regular o mercado, e digo isto uma vez que é preciso atenuar os ciclos de crise, a cada três anos, que ferem tanto, e procurar mecanismos de defesa, que não estamos aplicando, portanto não estamos avançando.

MARIA CRISTINA CACCIAMALI:

Presidente Gaviria, sua apresentação foi realmente muito positiva, uma síntese importante dos problemas pelos quais estamos passando. Tocou principalmente nos desafios que, acredito, ainda não estamos enfrentando. Então, chamar a atenção para tais pontos me parece da maior relevância. Vou-me ater a três momentos de sua explanação. O primeiro refere-se ao desgaste que a democracia vem sofrendo na região em razão dos baixos resultados econômicos e do acúmulo de problemas sociais com os quais estamos nos defrontando. Acrescentamos outro grupo de questões relacionadas ao papel do Estado e às próprias instituições, o que mostra com bastante clareza que a democracia perde legitimidade principalmente nas classes populares por não conseguir atender as necessidades básicas, e até nos estratos médios da população, porque não está atacando questões que não são muito caras como, por exemplo, a redistribuição de renda.

Um dado que o senhor não tocou refere-se à questão da informalidade, um verdadeiro câncer social, que ataca a democracia e a cidadania na medida em que acaba criando cidadãos com diferentes obrigações e direitos e ao mesmo tempo desmoraliza mais ainda o Estado. O que eu colocaria, dado este quadro que tracei, e a inexistência de fórmulas mágicas, se fosse apenas uma questão cultural, como Nakano colocou, ou de manejo da taxa de câmbio, e a imposição de impostos para captar um excedente, aumentar a nossa taxa de poupança, acredito que já poderia ter sido feito; se não está sendo feito é porque nós estamos nos defrontando com bloqueios econômicos, políticos principalmente, e com uma certa falta de criatividade para sair desta armadilha.

Sua exposição não tocou na questão da integração. A integração foi muito cara ao pensamento latino-americano no pós-guerra, quando muitos teóricos que depois desempenharam papéis importantes nas agências multilaterais, verificaram porque determinados mecanismos associados ao Estado, determinadas formas de tributação e de administração poderiam ser superadas com a integração, na medida em que haveria uma discussão com relação à convergência de normas, de procedimentos, e um país poderia reforçar outro do ponto de vista político para tentar superar as questões.

Então gostaria de ouvir sua posição sobre a integração, e embora com todas as dificuldades que nós estamos nos defrontando no momento presente-a Alca praticamente esvaziada, o Mercosul com problemas políticos grandes -, a Comunidade Andina é aquela que eu diria vai melhor, enfim, como poder retomar um pouco um dos eixos do pensamento latino-americano e prosseguir na superação de problemas comuns com um país reforçando o outro.

Um outro aspecto que me parece importante refere-se à questão da democracia e do crescimento econômico. Não há correlação entre democracia e crescimento econômico. Em algum momento histórico houve, mas na maioria das vezes não. Os países asiáticos são um exemplo, eles estão crescendo a taxas elevadas, com o Estado exercendo um papel importante, sem instituições democráticas próximas às ocidentais, embora formalmente ou normalmente possam ser assim denominadas. Por outro lado, na América Latina nós nos expandimos, crescemos, melhoramos a qualidade de nossa democracia vis-à-vis com períodos ditatoriais militares e/ou de ditadura civil salvo em poucos países. Nós também evoluímos na questão dos direitos humanos que é bastante complexa porque passa por um eixo cultural, de compreensão. Para os ocidentais esses direitos são claros, eles estão acima da soberania, da cultura, são direitos que dão propriedade e dignidade a um ser que pertence à raça humana. No caso dos africanos e dos asiáticos a concepção não é exatamente a mesma, assim como nos países do oriente médio.

Então, no diálogo multicultural, com relação aos direitos humanos, eu lhe perguntaria como, com tais avanços nós poderíamos contribuir como latino-americanos?

Eduardo Salgado:

O senhor falou com muita propriedade sobre os desafios internos e externos, eu vou tentar abordar cada uma dessas questões. Vocês sabem que a imprensa é sempre acusada de ser imediatista. Para não decepcionar ninguém eu vou fazer uma pergunta sobre a eleição que ocorre no Peru em abril. O que acontece lá é curioso: houve o governo do Toledo, com a economia crescendo a taxas superiores à média latino-americana dos últimos anos, em torno de 5%, e mesmo assim há uma candidata conservadora, a Lourdes Flores, com um discurso muito crítico em relação às reformas que começaram nos anos 90. Então, a primeira questão é a seguinte: é possível hoje ganhar uma eleição sem um discurso messiânico e populista? Por cacoete da profissão, vou fazer o papel de advogado do diabo sobre a questão asiática. Tive a oportunidade de estar na Índia em duas ocasiões e em épocas diferentes, onde ainda há uma questão social dramática, um estado burocrático, talvez um dos maiores do mundo, a economia depende da agricultura de forma extensa, e o PIB indiano é possível que caia. A China tem uma ditadura com alto poder repressivo e alto poder de aplicação de políticas públicas sem par na América Latina, e apenas não tem o problema da previdência simplesmente porque não existe previdência. Então, me perdoe, mas até que ponto esse exemplo asiático deve ser seguido pela América Latina? Até que ponto a América Latina pode copiar a Ásia? Porque muita coisa não dá para copiar.

César Gaviria:
Vou abordar o tema da informalidade e da marginalidade que estão estreitamente conectados. Não há dúvida de que este é o principal problema de América Latina. Quando fa-

lamos de gente fora da economia de mercado, estamos falando de gente que opera por fora das normas. O Banco Mundial tem trabalhado num documento, produzido anualmente, que trata do assunto, de como criar um negócio em qualquer país do mundo, em quais pontos se avançou em quais não se avançou. Quando lemos os documentos, e eu li o de 2005, ficamos inquietos. Os latino-americanos estão mal, porque em todo o mundo, na Europa, por exemplo, é impressionante como se facilitaram as normas para a abertura de um pequeno negócio. Os latino-americanos vão devagar: Brasil, México e Argentina são demasiadamente técnicos, mas me preocupa ver que não estamos dando a devida atenção à questão. Trazer de volta as pessoas que estão no mercado informal exige muito mais Estado, requer mais educação e acesso ao sistema de saúde. Não são problemas de ordem jurídica, há uma parte que não fazemos bem, e há outra parte que depende da presença do Estado. Contudo, em nenhuma das duas frentes estamos tomando as providências como deveríamos. Quanto tempo os papéis demoram a sair? É papel no sistema financeiro, outro nos escritórios de registros. E os impostos? Um pesadelo. Pode-se levar seis meses para montar uma padaria. É verdade que aí há problemas sérios, mas são de diferentes níveis. Os latinos se encantam com o formalismo: mil permissões, mil carimbos, assinaturas e uma quantidade enorme de dinheiro. Não se trata, portanto, apenas de tempo, mas de custos. Quanto custa registrar uma propriedade no Brasil, na Venezuela? Em alguns casos as cifras são absurdas: 50, 60% por uma quantidade de tramitações e de adicionais, e é nestas condições que temos de trabalhar. Tem relação com a questão da presença do Estado que quer toda essa estrutura formalista que nós, latinos, temos.

Sem uma boa educação pública que seja capaz de formar não há meios, não sei como vamos fazer, mas precisamos fazer. Isso os asiáticos sabem. Gastam em educação o mesmo que nós, nem um ponto a mais, 3%, exatamente a mesma percentagem. Com uma enorme diferença: eles têm quatro anos a mais de escolaridade, fazem bem as provas internacionais e educam melhor o cidadão, então não se trata de recursos, é que não temos um bom sistema educativo. Melhorar a educação pública na América Latina tem sido muito difícil, em todos os países. Não somos capazes de tirar as pessoas da pobreza nem de prepará-las para a globalização, já temos os dois desafios, o econômico e o social, e para ambos a clave é a educação, este é o tema. Fizeram-se esforços importantes, o orçamento para educação tem crescido em todas as partes e numa década cresceu 50%, mas é muito difícil encontrar a vontade política de que se necessita. E esta é a clave da marginalização, da informalidade, o nosso principal problema, que não é a política fiscal, nem a monetária nem as taxas de interesse. Temos que pensar que é o principal

PRESIDENTES
DA AMÉRICA LATINA

problema e lhe dar a atenção e a hierarquia pública que ele merece.

Vou tentar fazer uma generalização: na Ásia há menos democracia que na América Latina, mas há mais igualdade. Não em todos os países, obviamente que não na Índia, e na China ainda não, mas estão avançando neste sentido. Na Coréia ou na Indonésia ou na Malásia o que se encontra é igualdade. Igualdade de oportunidades, todos preparados. Nos apaixonam nossas liberdades, as nossas democracias; e eu acho que não podemos sacrificá-las, mas os asiáticos têm sido muito mais capazes de produzir igualdade, e o desafio não é renunciar à nossa liberdade, à nossa democracia, mas sermos capazes de conseguir a igualdade. Bom, no Vietnam já se passa exatamente o mesmo, uma experiência de taxa de crescimento alta em um sistema que formalmente é comunista e apesar disso estão fazendo o dever de casa. No Camboja também, em Burma, em Mianmar, um país com problemas políticos. Você entra em cada casa e encontra uma oficina, caminha pela rua, entra numa casa e encontra uma porção de gente trabalhando. Todo mundo tem uma oficina na sua casa. Há uma dramática diferença entre nós. A vantagem é poder levar uma sociedade a fazer com que cada casa tenha uma oficina. O dia que a gente conseguir o mesmo... Mas é uma mentalidade muito diferente, e diante do Estado, as obrigações do estado, as pessoas se mobilizaram para produzir, mesmo sem estrutura:

Vietnã, Camboja, Mianmar não têm, e ainda assim estão fazendo isso.

A questão das eleições peruanas é complexa. As experiências de democracia antes de Fujimori foram pouco afortunadas. Hiperinflação, estados ineficientes, governos desgastados. Eu acredito que Fernando Belahunde, que é um homem de muito prestígio, saiu mais desgastado do que está o Presidente Toledo, sem falar de Alan Garcia. Depois veio o autoritarismo do presidente Fujimori, que apesar de todos os seus pecados, da falta de controle político e da corrupção de Montesinos, foi capaz de dar estabilidade ao país. E o Peru é uma sociedade ambivalente, dividida entre um caminho populista parecido a outros ou seguir um caminho ortodoxo como o que oferece Dona Lourdes Flores. Ela é uma líder conservadora, para incomodá-la lhe dizem que é uma espécie de Fujimori e de Alan Garcia, que tem mudado e feito uma série de modificações, mas de qualquer maneira ela encarna o Para (N. DO E. – ALIANÇA POPULAR REVOLUCIONÁRIA AMERICANA), que foi o primeiro partido na América a considerar a presença indígena. Como Toledo ganhou de Alan Garcia há quatro anos? Era indígena, uma pessoa do partido que encarnou todas as aspirações indígenas para lhes dar peso na sociedade e fazê-las serem respeitadas. E o Sr. Mariátegui (N. DO E. – JOSÉ CARLOS MARIÁTEGUI, JORNALISTA PERUANO FORMAÇÃO SOCIALISTA) que escreveu um mundo de coisas, e Dom Víctor Haya de la Torre que fez um enorme esforço em integrar os do Peru numa sociedade tremendamente segregada, que não se integrou como na Colômbia, na Venezuela ou no Brasil, e onde a maioria das pessoas não está somente na pobreza, mas está, volto a dizer, segregada. Eu acho que o problema indígena do Peru não se resolveu, um país com uma maioria indígena que espera uma resposta que não encontrou no Sr. Fujimori. Em parte votou nele porque sendo de origem japonesa, lá ele era como índio, diferente de Mario Vargas Llosa, branco, bem plantado e de olhos claros. Então é um país que tem este ingrediente, como o Equador, onde todos os candidatos são populistas, todos que se põem a falar tem um tom populista. À direita, à esquerda, no centro, todo mundo faz populismo, e agora que dolarizaram a economia, então a política não tem nada a ver com a economia, nada. Acontece que derrubam governos e a economia continua, mas Peru tem sido um país caudilhista, Equador também, Venezuela idem, e o que está acontecendo nestes países tem a ver com a maneira de ser de seus povos. Resultado: o populismo está por aí, rondando, e claro que a economia é importante, mas há outros fatores políticos e históricos que pesam muito nos acontecimentos.

Eu estou de acordo com os valores atribuídos à Índia e à China. Na China há uma ditadura, um regime completamente autoritário, e na Índia uma injustiça enorme, mas, esses países estão crescendo de tal maneira que estão erradicando a pobreza. Percentualmente, há menos pobres na China que na América Latina. Li outro dia que na China atualmente 25% das pessoas são pobres, na América Latina são 40 e poucos por cento. Na China não há democracia, mas os trabalhadores estão ganhando mais do que os nossos, os chineses estão crescendo muito mais do que nós e um detalhe: nossa competitividade no mercado mundial. Se vamos mal, eles levam todas a possibilidades de crescimento para o futuro.

Na Índia estão tomando algumas medidas, que nós acompanhamos por meio dos artigos sobre economia, que são os bolsões de desenvolvimento, como fazem também os chineses. Lá, optaram por não desenvolver toda a China, mas segmentar o país por regiões e desenvolvê-las. Agora, eles estão se movimentando mais para o interior, voltados para o campo e há desafios enormes, uma vez que ninguém sabe se vai haver sublevações, mas, de qualquer maneira, a China está crescendo a taxas de 10% e isso faz uma enorme diferença. Não vale a pena desqualificá-la por isso, por não terem democracia. Na Malásia também não há, mas é preciso ver que há igualdade e prosperidade no país, e devemos respeitá-lo por isso. Nós temos nossas liberdades e nossos direitos humanos, mas eles têm a igualdade e o crescimento, e as pessoas estão melhorando de vida muito mais do que nós.

HÉCTOR BRUIT:
Senhor Presidente, sua exposição deixou totalmente nua a debilidade do Continente, e

estou de acordo. E me parece que o nosso Continente anda num circulo vicioso. Lembra-se do círculo vicioso mencionado por um patrício seu Gabriel García Márquez, um grande escritor, Prêmio Nobel de Literatura, em seu livro de maior prestígio, 100 Anos de Solidão? A personagem, Aureliano Buendia, tinha um pouquinho de ouro com o qual fazia peixinhos, e quando se acabava o material ele derretia as peças para voltar moldar os peixinhos e assim se passaram 100 anos. Sua vida se consumiu nisso.

Na América Latina as taxas de crescimento são baixas, as taxas de poupança também, e de investimento idem, quer dizer, não havendo poupança, não havendo investimento, as taxas de crescimento são muito baixas se comparadas com as do resto do mundo, e quase não há exceções. Um continente que tem 40,45% de população miserável. O senhor presidente dizia que a pobreza no Continente acaba prejudicando a credibilidade na democracia. E as nossas democracias são realmente frágeis. As pessoas não acreditam mais nelas.Por quê? Porque o Continente, salvo poucas exceções, não teve tradição partidária. Os partidos políticos praticamente não existem, salvo em dois ou três países. A política é feita por meio de agrupamentos que nascem e desaparecem. O caso do Peru é um exemplo extraordinário: o Apra é uma organização que não tem nada a ver com o conceito de partido político, que se dividiu mil vezes, tem tido mil líderes, mas os peruanos continuam acreditando nela.

Tem uma coisa que o senhor não mencionou, até que ponto a política econômica, estas políticas públicas, estas políticas partidárias que observamos no Continente desde o México até o Chile são políticas que favorecem a grupos sociais, a elites estrangeiras e até ponto as elites têm medo de se vincular à Alca? Brasil por exemplo: eu moro aqui há 35 anos, não vejo nenhuma tradição partidária, o país apresenta um alto índice de pobreza, o crescimento econômico é das elites, mas Brasil é um dos países que mais se opõem ao ingresso na Alca tanto em grupo como individualmente.

Eu gostaria que o senhor presidente explicasse quais seriam, no seu ponto de vista, os benefícios e prejuízos que um país da América Latina teria ao se associar com os Estados Unidos.

César Gaviria:

Gostaria de dizer que as pessoas na América Latina são bastante pacientes. Imaginem que na Nicarágua não conseguiram recuperar, não o índice per capita, mas sequer a produção econômica que o país tinha em 1970 quando começou a guerra civil. Ou seja, em 30 anos andou para trás, não para frente. E a gente ouve todos os dias que o país tem problemas democráticos, e claro, como não vão tê-los. Na Guatemala, a crise da dívida começa nos anos 80, o que significa que o ingresso per capita é mais baixo que o de 1980. E além do mais é um país que viveu uma guerra civil, então de-

PRESIDENTES DA AMÉRICA LATINA

vemos dizer que há povos que francamente... Esse não é o caso do Brasil, nem da Argentina e do Chile, mas há países que tiveram um percurso bastante difícil e que não ofereceram às pessoas nenhuma espécie de bem-estar, não por anos, mas por décadas. É um tema bastante complicado.

Eu não sou pessimista quanto à América Latina. Excluo a teoria da dependência e não acredito que nós estávamos condenados ao subdesenvolvimento. Acredito que uma boa parte de América Latina é capaz de crescer e chegar aos níveis dos Estados Unidos e da Europa ou pelo menos aos da Espanha e da Coréia. Acho possível, mas é preciso tomar decisões para se chegar lá. É possível se trabalharmos com seriedade, com disciplina, se corrigirmos todas as deficiências do Estado e melhorarmos a educação e a saúde, e implantarmos projetos que tenham sentido, colocarmos o setor privado na prestação de serviços públicos e estabelecermos uma regulação, porque isto é necessário. Nomeando gente qualificada, remunerando bem e dando independência, ou pelo menos alguma autonomia. Eu acredito sim que o Brasil ganha se fizer uma boa negociação com a OMC (N. do E. – Organização Mundial do Comércio). Acredito que o Brasil ganha se fizer uma boa negociação e entrar no mercado dos Estados Unidos e também se negociar com os países andinos. Não sou pessimista quanto a isto. Ao contrário, me preocupa se o Brasil não fizer isto. São

Paulo é a demonstração de que este país é capaz de ser próspero e rico, além de capaz de elevar os ingressos per capita... O que fazer no resto do Brasil? Levar o desenvolvimento, a educação, e não se trata de uma tarefa inalcançável ou colossal. O que se deve fazer é se adaptar a ela, não se deixar arrastar pelas vozes do populismo, administrar bem, regular bem, governar bem. Obviamente é preciso organizar os partidos políticos e dar confiança às pessoas. Também é preciso crescer, e não a 3%, mas a 5%, a 6%. O país tem que traçar estas metas e cumpri-las porque de outra maneira não vai ser capaz de reduzir a pobreza: crescendo a 3% não é possível. Temos que reagir e acho que estamos num bom momento, estamos voltando a crescer, podemos pensar, há melhoria nos ingressos fiscais, há muitos fatores que jogam a nosso favor e temos que ser capazes de aprender com as experiências dos demais, uma das vantagens da globalização. Brasil é um país que tem que se aplicar nas facetas do multilateralismo, e de fato se dedica. Digo, porque precisamos de regras, de tratados, acordos e normas que regulem os conflitos. Para um país como Brasil, e para toda a América Latina, a ausência de regras é fatal. Se eu posso negociar com você e fixar algumas regras, estou certo de que eu ganho; estou certo de que você ganha. Temos que ser capazes de avançar, não apenas na democracia, mas no sentido de ter um estado de direito mundial, e isto não nos vai chega com a ONU

Presidentes da América Latina

da noite para dia. E é preciso tratar de avançar nesta questão. Na OEA (N. DO E. – ORGANIZAÇÃO DOS ESTADOS AMERICANOS) fizemos uns acordos, estabelecemos regras, caminho que devemos ir percorrendo.

César Gaviria

Expositor e seus Debatedores

César Gaviria

Nasceu em Pereira, Departamento de Risaralda, em 31 de março de 1947 e foi Presidente da Colômbia de 1990 a 1994. Economista formado pela Universidad de los Andes, de Bogotá, serviu no governo do presidente Virgilio Barco Vargas como ministro das Finanças e Crédito Público, ministro da Justiça e ministro de Governo. Neste período atuou nas negociações de paz com as guerrilhas do M19 e durante seu governo reintegrou as forças armadas rebeldes à sociedade civil e introduziu reformas constitucionais que culminaram com a proclamação de uma nova Constituição

PRESIDENTES
DA AMÉRICA LATINA

em 1991. Exerceu dois mandatos como secretário geral da Organização dos Estados Americanos, OEA, de 1994 a 2004, período em que a instituição alcançou uma posição de liderança na defesa da democracia no Continente.

Coordenador: CELSO LAFER

Estudou Ciência Política na Universidade de Cornell nos Estados Unidos. É titular do Departamento de Filosofia e Teoria Geral do Direito da Faculdade de Direito da Universidade de São Paulo, foi ministro de Estado das Relações Exteriores, ministro de Estado do Desenvolvimento, Indústria e Comércio, embaixador e chefe da Missão Permanente do Brasil nas Nações Unidas, na Organização Mundial do Comércio e outras agências internacionais sediadas em Genebra. É autor de várias publicações sobre paz, direitos humanos, desenvolvimento e desarmamento.

RUBENS BARBOSA

Mestre pela Escola Superior de Ciências Econômicas e Políticas de Londres, ocupou vários cargos no governo brasileiro e no Ministério das Relações Exteriores. Foi secretário de Assuntos Internacionais no Ministério da Fazenda e representante permanente do Brasil junto à Associação Latino-americana de Integração, subsecretário Geral de Integração, Comércio Exterior e Assuntos Econômicos do Ministério das Relações Exteriores e coordenador da Seção Brasileira do Grupo do Mercosul. Também foi embaixador em Londres e em Washington.

MARIA CRISTINA CACCIAMALI

Livre docente, economista pela Universidade de São Paulo onde atua como professora titular da Faculdade de Economia, Administração e Contabilidade; suas áreas de especialização abrangem política internacional, economia do trabalho e relações internacionais. Entre outras importantes funções é membro do Conselho de Deliberações do Grupo de Pesquisa em Relações Internacionais da USP, representante na União das Universidades da América Latina, Membro da Comissão sobre o Mercosul, Membro da Comissão Especial sobre Regime de Trabalho, presidente da Comissão de Pós-graduação do Programa de Pós-graduação e Integração da América Latina da Universidade de São Paulo.

YOSHIAKI NAKANO

Diretor da Escola de Economia da Fundação Getúlio Vargas. Mestre em Economia pela Universidade de Cornell, nos Estados Unidos, publicou vários livros e artigos sobre macroeconomia, economia brasileira e política econômica, foi secretário de Estado da Fazenda no governo Mário Covas de 95 a 2001. Diretor do Centro de Economia Política, secretário Especial de Assuntos Econômicos do Ministério da Fazenda e consultor do Banco Mundial.

HÉCTOR HERNÁN BRUIT

Bacharel em História pela Universidade do Chile, doutor pela Universidade de São Paulo e livre docente pela Universidade Estadual de Campinas, é diretor e professor do Instituto de Filosofia e Ciências Humanas e membro do Conselho Científico da Unicamp. Especialista em História Latino-americana, História Regional do Brasil, História Moderna e Contemporânea. O Professor Bruit tem uma extensa produção bibliográfica, e desde sua aposentadoria continua a atuar na universidade como professor-colaborador voluntário.

EDUARDO SALGADO

Editor de Internacional do jornal O Estado de S. Paulo entre 1994 e 1997, foi subeditor de Mercosul da revista Amanhã, Economia e Negócios, e na revista Veja foi subeditor de Internacional e editor de Economia. É mestre em Relações Internacionais pela Universidade de Londres.

*Todos os eventos que são
lembrados são
pensados, variando
o alcance da reflexão
segundo quem lembra.
É certo, no entanto,
que o contar de uma
estória é uma forma
apropriada de pensá-la.
Os depoimentos recolhidos
neste volume têm
este mérito.*

Celso Lafer

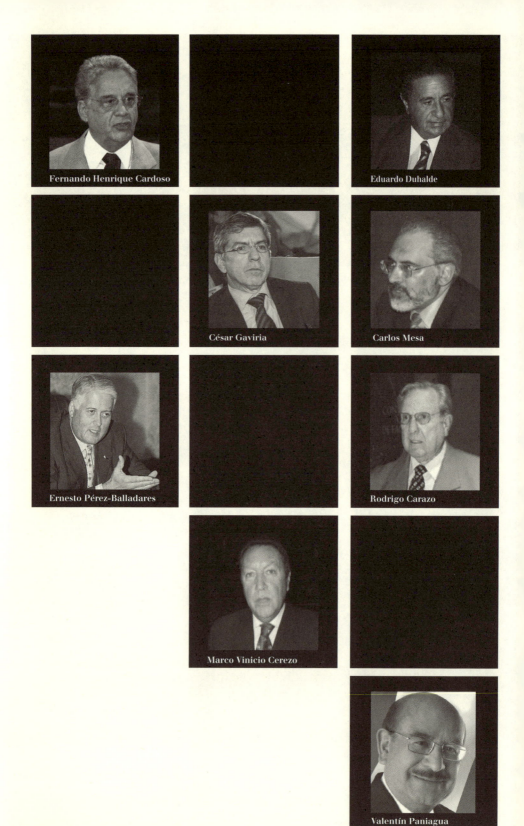

Geraldo Alckmin

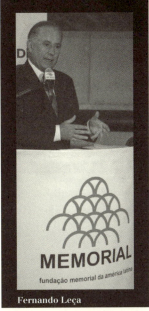
Fernando Leça

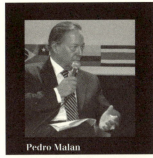
Pedro Malan

Celso Lafer

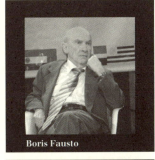
Boris Fausto

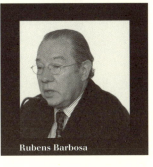
Rubens Barbosa

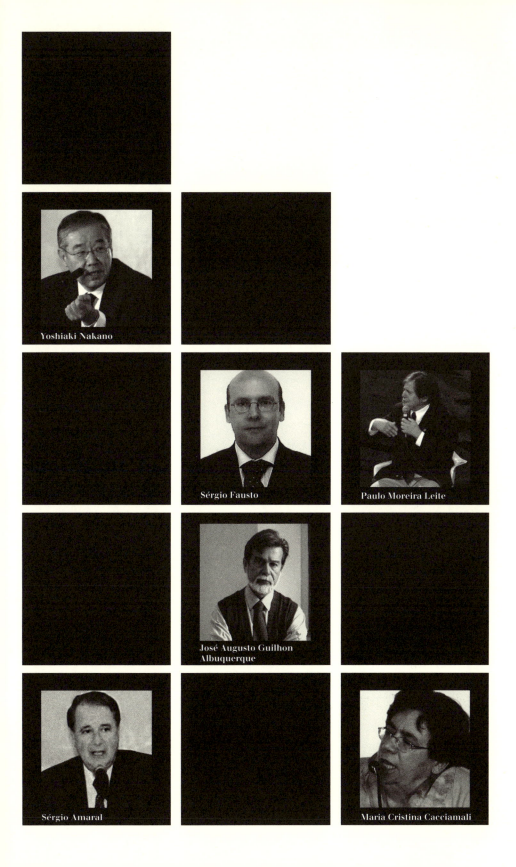

Carlos Mesa

Bolívia

A América Latina tem que conseguir o equilíbrio entre um momento de forte debilitação na relação entre o Estado e a sociedade, no qual o Estado se viu encurralado porque não foi capaz de responder às demandas de uma sociedade que encontrou caminhos distintos de expressão. Distintos aos tradicionais e à necessidade de uma vinculação de um Estado forte, mas democrático, e que tenha resultados no contexto de sua própria estrutura e que possa representar realmente o conjunto da sociedade.

O caso boliviano é um exemplo evidente disto. Viveu nos últimos anos uma ruptura en-

PRESIDENTES
DA AMÉRICA LATINA

tre o processo de constituição da democracia e a representação que esta democracia tradicional devia ter na sociedade. Como se encontra novamente o vínculo entre uma sociedade que se sinta realmente representada é, provavelmente, o que necessitamos para garantir a governabilidade. Isso implica em forte mudança, inclusive em como entendemos a democracia na forma tradicional dos três poderes independentes e coordenados entre si que têm suas grandes virtudes, mas que mostram problemas de real representação. Aí se encontram a crise dos partidos políticos e a necessidade de reformulá-los em sua essência, não somente em sua democratização interna, na sua luta contra a corrupção interna, mas também como são concebidos como estruturas organizadas que já não podem ser como as do século XX.

Eu cheguei ao governo em uma gravíssima crise, não de governo anterior, mas sim de Estado, que a Bolívia viveu a partir do ano 2000. Eu cheguei à presidência no ano de 2003, quando havia uma crise que praticamente colocou o país num enfrentamento violento. Nessa época, pensou-se na possibilidade de uma guerra civil, porque as posições haviam se polarizado de uma maneira brutal. Meu primeiro desafio foi garantir a paz, garantir que nestes dias de outubro em que as ruas haviam produzido quase 70 mortos, voltasse a tranqüilidade e garantíssemos à sociedade que podíamos construir um governo a partir do debate, do diálogo e não a partir da confrontação violenta. Creio que isto foi um aporte importante. Propus, em segundo lugar, um novo desenho do país. O modelo liberal havia se esgotado e a Bolívia estava esperando respostas diferentes. Eu pleiteei, como objetivos de meu mandato, a realização de uma assembléia constituinte e a realização de um referendo sobre a política de hidrocarbonetos, que foi um dos fatores determinantes da crise boliviana. Levei adiante o referendo que mudou radicalmente a política do Estado em relação aos hidrocarbonetos e a conseqüência foi o processo de nacionalização. Na realidade, com algumas diferenças, é o que o povo respondeu no referendo que eu convoquei.

A assembléia constituinte é uma meta que vamos cumprir agora no mês de julho deste ano. Em conseqüência, estes objetivos que pleiteei em meu governo marcaram uma mudança histórica na direção de meu país. Primeiro, os recursos naturais nas mãos do Estado, ou com uma presença mais forte do Estado. Segundo, um novo pacto social frente à crise profunda e irreversível do velho Estado e da relação do velho Estado com a sociedade.

Minha premissa foi o respeito aos Direitos Humanos e o respeito à vida. E creio que esta foi uma questão fortalecida. Cheguei à presidência e afirmei: não estou disposto a matar como ocorreu em governos anteriores. E isso acarretou uma crise que talvez tenha debilitado o uso da força constitucional e me levou

PRESIDENTES
DA AMÉRICA LATINA

a uma renúncia voluntária ao cargo de presidente. Ninguém me pediu a renúncia.

Não se produziu uma crise como a anterior, mas os setores mais radicais do empresariado e dos grupos sociais mobilizados nas cidades, viram esta debilitação, pressionaram fortemente um presidente sem partido, sem parlamento, e eu, antes de impor pela força situações que iriam gerar uma crise maior ainda, preferi renunciar ao cargo.

Eu creio que o que devia acontecer na Assembléia Constituinte é que determinadas demandas e determinados direitos que foram reivindicações de grupos sociais no mundo indígena, por exemplo, estejam inclusos de maneira expressa na Constituição. E que certos elementos de usos e costumes dos povos andinos possam ser parte integrante de uma prática democrática na Bolívia. O equilíbrio entre o reconhecimento de direitos e a construção de cidadania com responsabilidade assumida por esses grupos sociais, creio eu que é a meta mais difícil.

O perigo é que a construção de um processo da Assembléia Constituinte, desde o ponto de vista dos votos que vão levar aos representantes, seja a construção de um poder hegemônico que busca nesse momento o Governo e o Presidente Evo Morales. O risco é que uma oportunidade histórica extraordinária possa resultar no controle quase monólogo, quase unitário, de um partido político para a construção de um projeto individual, de um projeto partidário, mais que de um projeto nacional. Esta é a dificuldade mais importante da Assembléia. No que se refere às Forças Armadas, eu diria que seu papel mudou drasticamente. Não houve nunca uma possibilidade de pensar em golpe de Estado ou em uma intervenção militar no processo democrático, mesmo em momentos de maior crise, como a que vivemos nos anos de 2000, 2003 e 2005.

E não se pode descuidar porque essa intervenção de forças militares na nacionalização foi simplesmente um golpe de efeito, que tinha como objetivo fazer com que as Forças Armadas da Bolívia sentissem que faziam parte do processo para integrarem-se ao processo político que está em vigência no momento.

Todas as pesquisas prévias diziam que 80% dos bolivianos estavam de acordo com a nacionalização, que é um conceito abstrato e que não responde à velha idéia de nacionalização, não estamos falando da expropriação ou confiscação de propriedade que é a nacionalização clássica mexicana ou a própria primeira nacionalização boliviana. Mas o golpe era extraordinário desde o ponto de vista da mídia. O presidente Morales em três meses havia caído 14 pontos na aceitação popular e hoje em dia a sua popularidade está em 81% em nível nacional, o que o coloca com grandes perspectivas para ganhar com muita comodidade a Assembléia.

Eu entendo que a crise da relação entre Bolívia e Brasil está atenuada porque o presidente Lula está enfrentando um processo eleitoral e me dá a impressão de que deixou o tema se resolver, uma vez que ele tenha ou não êxito em seu processo de reeleição.

Vamos começar a discutir a fundo a questão a partir de outubro, que, além do mais, coincide com os seis meses que foram dados pelo governo da Bolívia para as empresas se re-adequarem. O que não se pode desconhecer é que há uma relação difícil, e que provavelmente o presidente Lula não esperava uma ação dessa natureza, sem informação prévia, quer dizer, que pudesse se adequar entendendo as necessidades políticas de Evo Morales à uma saída pública menos violenta.

Isto é o imediato. Mas o que provavelmente o Brasil tem que avaliar é por que se chegou a uma situação como esta. A impressão que me dá é que o Brasil devia e deve ter com a Bolívia uma atitude mais generosa em sua vinculação em geral. Não somente na questão do gás, mas também quanto à possibilidade que o Brasil, mercado gigantesco, seja para a Bolívia algo mais próximo do que são os EUA. Para dar um exemplo, uma TLC (N. do E. – Taxa Livre de Comércio) entre Brasil e Bolívia, com uma abertura franca do mercado brasileiro para a produção boliviana, poderia ser extraordinariamente interessante para mudar a lógica de uma relação tão dependente no que se refere ao gás. Além disso, creio que o Brasil deve se flexibilizar quanto aos preços de maneira progressiva, de modo que não tenhamos que discutir agora uma elevação brutal dos preços. E creio que o Brasil não tem desempenhado um papel de país com influência geopolítica, que por razões óbvias requer um aliado estratégico como a Bolívia. E isso obriga o Brasil a mudar sua lógica. O presidente Morales é uma pessoa impulsiva, tendo em vista os fatos políticos. Tenho a impressão de que depois da Constituinte, a negociação vai ter outra natureza, talvez mais racional.

A relação entre o presidente Hugo Chávez e o presidente Morales é uma relação que perdura já há vários anos. Chávez percebeu claramente que Evo era uma opção política no país e, muito rapidamente, vinculou-se e assessorou Evo Morales, apoiando-o politicamente, antes de sua candidatura à presidência. Entre outros pontos, há uma afinidade de conceitos e idéias, ou seja, não é simplesmente uma questão de aliança de caráter circunstancial, mas tem a ver com convicções, e isso não é pouco.

Creio que não há menor dúvida de que o presidente venezuelano deu o impulso e o respaldo a Evo Morales. O que por sua vez dá respaldo às atitudes agressivas, desafiadoras e seguras que talvez ele não teria sem o apoio do presidente Chávez. Em conseqüência, me parece muito evidente que há influência direta de Chávez sobre o governo de Evo Morales, na qual poderíamos dizer que há elementos de coincidência ideológica.

No que se refere aos processos de integração regional, como se sabe, a Bolívia é membro associado ao Mercosul neste momento, e o salto que teria que dar é o de ser membro pleno. Quanto à Comunidade Andina, penso que é muito difícil salvá-la. Eu diria que a Comunidade Andina de Nações está praticamente condenada.

Do ponto de vista de mercado com o Mercosul, devo dizer que a Bolívia é um país complementar, mas sim competitivo. Seu produto mais importante, a soja, é obviamente minoritário em relação aos outros países do Mercosul, conseqüentemente é difícil se supor que no âmbito da agroindústria o Mercosul substitua a Comunidade Andina de Nações. O tema energético, tendo em vista a necessidade vital da Argentina, do Brasil e do Chile, caminha automaticamente, ou seja, não necessita do Mercosul. Então, para a Bolívia, eu creio que o passo da Comunidade Andina para o Mercosul não é, em termos gerais, um bom negócio, ainda que a Bolívia já esteja como membro associado.

Minha impressão é que a América do Sul vai mais longe. E isto se chama a Comunidade Sul-americana de Nações. O Mercosul está em crise. A Comunidade Andina está praticamente desaparecida. Portanto, deve-se tentar uma estruturação sobre estas três premissas da integração: via infra-estrutura, a integração energética e a integração de telecomunicações. Que tenha maior realismo, que seja menos otimista do que foram o Mercosul e a

Comunidade Andina. Minha impressão é que por aí o Continente vai caminhar.

Quanto ao Mercosul ter sido fundado num eixo econômico Brasil-Argentina, para o bem e para o mal, e sobre a necessidade de algum eixo econômico que dinamizasse a constituição da Comunidade Sul-Americana de nações ou o fato de ser mais diversificado do que foi o Mercosul, creio que Fernando Henrique Cardoso em 2000 teve uma idéia correta. Eu diria que há um levantamento concreto. Primeiro, infra-estrutura, que tem a ver com as rodovias e vias fluviais, me parece fundamental; segundo, o elemento energético que para o Brasil é muito importante e para a Bolívia, crucial. O terceiro tema é o conceito das telecomunicações em geral. Neste segmento, tem que se mudar certa lógica de integração, tanto por parte da Comunidade Andina quanto do Mercosul. Desprezou-se a integração cultural, desprezou-se a integração dos povos, a partir da premissa de que a esfera comercial e econômica era o que realmente integrava. Foi um erro pensar que podíamos nos integrar por cifras, abandonando a música, a literatura, as artes em geral.

Temos que trabalhar, adicionalmente, num processo de integração cultural que faça as nações começarem a olhar para o Continente. E neste sentido, o Brasil tem uma síndrome muito parecida com a dos EUA. Tem muito peso, muita força e tende a olhar para si mesmo, e a desconhecer o resto, porque pode-se alimentar em muitas fontes. O Brasil necessita revisar sua vocação como sociedade em relação ao conjunto da América do Sul.

As crises que o Brasil está vivendo, assim como outros países da América do Sul, têm provocado na sociedade civil uma vontade de conhecer mais os seus parceiros, uma vez que nós somos desconhecidos reciprocamente. Nesse sentido, me parece que a crise tem um sentido muito positivo para o Brasil, como a situação que se criou com a Bolívia, por exemplo. Ou a relação complicada de liderança entre o presidente da Venezuela e o do Brasil. Como é possível que o Brasil não possa, por tudo que representa, marcar uma liderança de integração sul-americana que contrapese a força de Chávez? Estas são perguntas que a sociedade brasileira começa a formular a partir dos resultados

Quanto aos objetivos da política exterior brasileira dos últimos quatro anos, cumpriuse o papel que logicamente cabe ao Brasil desempenhar? Creio que estes são os desafios que obrigarão a sociedade brasileira a repensar sua relação com a América do Sul.

Passado o efeito, danoso para muitos, do chamado Consenso de Washington, com o agravamento das desigualdades sociais, das injustiças quanto à distribuição da renda, falase agora sobre a possibilidade de uma retomada de um papel maior, mais efetivo e mais incisivo do Estado.

A diferença da significativa presença estatal no século XXI, comparativamente com o que foi na América Latina nos anos 50, 60 e 70, mostra uma realidade distinta, a globalização. Há ainda uma realidade chamada economia aberta e um mercado muito forte no conjunto de nossas relações internas e externas, que deve ser compatível com a presença do Estado. Em certo sentido, trata-se de uma resposta eclética ante a realidade. Um erro de dogma, tanto o estatal dos anos 50, quanto o liberal dos anos 90. Creio que foi isso que aprendemos e, provavelmente, o que vamos encontrar agora é a presença do Estado. Uma presença muito mais importante, sem desconhecer a evidência de um mercado não somente voltado ao país, como também se relacionando internacionalmente.

A pergunta que se faz é se as políticas sociais do Estado, sem populismo e sem demagogia, funcionam mais eficientemente?

Qual a diferença entre os governos de Fernando Henrique Cardoso e o de Lula em políticas sociais, sua aplicação e seu êxito? Eu coloco o exemplo do Brasil, como poderia colocar o de qualquer outro país. E, talvez, a resposta seja menos alentadora do que supomos. Porque provavelmente as diferenças neste sentido são menores e menos profundas. Talvez tenham maior efeito na mídia, mas de modo mais profundo não há uma diferença substantiva nos resultados. E esse é o tema. Isso quer dizer que com ou sem o Estado, nossas políticas contra a pobreza têm êxito? Aqui está o problema.

Quando a questão de um novo cenário resultante das eleições que se realizam em alguns países, ou que já ocorreram em outros, como é o caso do Peru, ou do México que ainda vai ocorrer, a eleição presidencial, se é possível fazer uma previsão, haveria resultados positivos, ou não haveria uma alteração profunda. Este cenário político latino-americano em razão das eleições deste ano criou, sem dúvida, uma situação que talvez não conte com antecedentes históricos. Que tantos países da América Latina tiveram uma mudança presidencial no mesmo ano, permitindo aos grandes jogadores, "jogar pelos lados", com muito entusiasmo, para ver se obtêm o resultado esperado. Evidentemente estamos frente a uma pergunta de giro à esquerda, as expressões esquerda e direita estão absolutamente em debate, mas para entendermos temos que utilizar e manter uma posição um pouco mais moderada.

Se no México ganhar López Obrador, e no Peru ganhar Humala, e no Equador ganhar um candidato muito mais próximo das tendências de Evo Morales ou de Chávez, sem dúvida alguma teremos um cenário político distinto do que se no Peru ganhar Alan García, ou Calderón no México, ou no Equador Novoa. Basicamente, Chávez de um lado e o que poderia ser a liderança do Brasil ou do Chile no outro, que possam marcar uma linha menos dramaticamente "anti-establishment" a que sairia destas eleições.

O outro elemento interessante, é que temos dois casos de "caudilhos" muito representativos das duas tendências que há na América do Sul. Uribe (N. do E. – Álvaro Uribe, presidente da Colômbia) por uma parte, com um êxito opressor, e Chávez na outra.Em conseqüência, não há um caminho claro, não me parece que como poderíamos ter pensado a meio ano talvez, que a tendência da América do Sul seja a radicalização. Mas, definitivamente, a presença e a influência das idéias do presidente Chávez, tem que ser levadas a sério para o futuro da América do Sul. Poderá compartilhá-las ou não, mas já não se pode supor que se trata simplesmente de bobagens ou se trata simplesmente de uma intenção. É parte de uma estratégia de poder e é parte de uma estratégia de idéias.

A crise que vive o presidente Bush, a própria queda de popularidade, os gravíssimos problemas externos que eles tem fora da região, os EUA preferiram um papel, digamos que não de espectador, mas muito menos ativo do que costumava ser tradicionalmente em sua relação com o Continente. Porque surgiram lideranças que deveriam resolver os problemas internamente. E aí volto a insistir: qual foi o papel do México e o papel do Brasil em relação ao papel da Venezuela?

Hoje, a América Latina começa a debater sobre si mesma e a decidir sobre si mesma muito mais do que antes. E este é um elemento interessante. Os EUA em uma determinada situação de crise dentro de sua lógica intervirão na América Latina? Esta é uma pergunta que fica pendente, e evidentemente que temos que levá-la em consideração. Não se pode descuidar que a grande ofensiva norte-americana se chama TLC, Tratado de Livre-Comércio, e, aí sim, os EUA estão substituindo a Alca por tratados bilaterais para encorpar sua relação econômica, que é fundamental para o seu controle da situação da América Latina.

O grande drama e o grande problema da América Latina são as formas de resolução de suas crises democráticas. Porque a América Latina resolveu suas crises democráticas com o autoritarismo. Não estamos encontrando respostas genuinamente renovadoras na democracia que não sejam a busca de hegemonias como as que comentamos nesta conversa. O outro problema é que o sistema de representação está totalmente debilitado e desacreditado. Os partidos políticos deixaram de ser mediadores e os parlamentos não são verdadeiramente a representação do interesse coletivo, mas sim a representação dos grupos de interesse.

O surgimento de movimentos sociais autônomos, cada vez menores, cada vez menos organizados entre si, traz perigo para a estabilidade democrática porque não encontramos respostas às demandas. Então creio que o grande problema é que nossas democracias estão passando por sérias crises e as respostas ou são a debilidade e a instabilidade, Equador e Bolívia, ou são o autoritarismo, o caso da Venezuela, o que foi o Peru de Fujimori ou o que foi Menem na Argentina.

Quanto à perspectiva de uma mudança no sistema de governo, uma vez que alguns atribuem à fragilidade do sistema presidencialista as crises que recorrentemente têm se verificado na América Latina, e que a mudança deste sistema para um sistema parlamentarista, ou semiparlamentarista poderia ser uma saída, creio que seria uma parte da solução. Sem dúvida, que é um debate urgente e obrigatório, e que não se deva fazer uma aplicação à européia, mas refletir sobre o exemplo europeu, que é extraordinariamente importante. O que quer dizer que o nosso sistema presidencialista não funciona. Isto está claro. Mas, provavelmente, o recurso do parlamentarismo é parte da solução, mas não toda a solução. É necessário, mas não suficiente, porque além do sistema parlamentarista, que podia ser uma resposta, é preciso se encontrar uma nova forma, novos mecanismos de construção de partidos políticos e de incorporação dos movimentos sociais cada vez mais violentos e mais "explosivos" no Continente.

Como se sabe os partidos configuram a forma por excelência das democracias ocidentais. A Bolívia, por exemplo, tentou uma solução intermediária parcial. Na Constituição que reformamos no meu governo incluíram-se as agrupações de cidadãos, como organizações legítimas que podem participar nos processos

PRESIDENTES
DA AMÉRICA LATINA

políticos. De modo que se rompeu o monopólio dos partidos. Mas aconteceu o que tinha que acontecer. Os agrupamentos de cidadãos que obtiveram êxito; terminaram convertendo-se em partidos políticos porque não existe uma possibilidade diferente para acabar, e essa é a estrutura, você pode chamá-la de agrupação, pode chamá-la de grupos de amigos ou pode chamá-la de partido político, mas o essencial é o mecanismo de assunção de poder com sua necessidade de estrutura e organização.

Portanto, parecia que era muito difícil substituir o conceito de partido. O MAS (N. do E. – Movimento para o Socialismo) de Evo Morales, é um sindicato convertido em partido. O PT de Lula é um partido distinto em sua origem e teoricamente em seus valores éticos. Quando assume o poder, tem que entrar na mesma lógica de administração de poder tradicional, às vezes até enfatizando seus defeitos, coisa muito parecida à que ocorre com o MAS de Evo Morales que nunca foi originalmente um partido.

O problema é que as práticas de controle do poder aqui e na Suécia, guardadas as distâncias de controle ético, são muito parecidas. A única resposta possível é uma genuína independência de poderes e um controle e um balanço de poder, do poder executivo. E, provavelmente, é aí que o conceito de parlamentarismo pode ajudar. Mas também deveria ajudar um sistema judicial que não esteja corrompido pelo poder político, ou pelo poder empresarial ou pelos grupos de interesse, e isso na América Latina, no momento, continua sendo uma realidade lamentável.

Quanto à pendência diplomática e territorial boliviana – chilena, há uma pergunta no referendo formulado em meu governo que diz: "O senhor está de acordo que o controle dos hidrocarbonetos se converta em um fator para resolver a questão da saída para o mar da Bolívia?"

E a resposta categórica e majoritária foi sim. Em conseqüência, há uma condição que em teoria impediria o presidente Morales de vender gás para o Chile, se previamente o Chile não outorgar soberania à Bolívia. Minha impressão é que, considerando que a soberania é hoje um critério, um conceito distinto do que era no século XIX ou XX, se deveria buscar a soberania imediatamente para a Bolívia e convertê-la muito rapidamente num cenário de soberania compartilhada.

A Bolívia necessita, por razões históricas, que o Chile lhe dê soberania numa pequena parte de continuidade territorial desde sua fronteira até a costa, ao redor de 2 000 metros quadrados. O Chile tem 7000 km de costa, portanto, não parece tão problemático. Eu não vejo a possibilidade de uma solução do tema que não passe por uma flexibilização do Chile em torno da soberania.

A Bolívia deveria tentar exportar gás ao Pacífico por um porto peruano. Se isso ocorresse, a Bolívia teria a possibilidade de negociar com o Chile em condições de vantagem que agora não tem. Não obstante, me dá a impressão também que a atitude do presidente Morales é mais flexível e talvez possa tentar uma negociação de gás sem o tema marítimo apoiado numa grande popularidade. Mas há um grande risco. Na Bolívia, o tema do mar pode derrubar um presidente. O presidente Morales tem respaldo muito grande e pode se arriscar numa negociação dessa natureza. Francamente não sei, mas em todo o caso ele é o presidente, e o melhor posicionado para fazê-lo.

Claro que há o paradoxo atual, que são as dificuldades de relacionamento entre os quatro países que originariamente compõem o Mercosul, e a tendência oposta de uma expansão já agora com a entrada da Venezuela, também com a provável entrada da Bolívia, e a eventual evolução disto para um arranjo maior, subcontinental, um Mercado Comum Sul-Americano. Essa hipótese da constituição de um amplo mercado dos países da América do Sul seria uma alternativa à Alca ou ainda assim seria necessário caminhar também na direção da composição da Alca.

No entanto, eu creio que a idéia da Alca foi desfeita pelos próprios EUA. Eu creio que a Alca, como este grande mercado comum aberto, em curto prazo, está sendo substituída por um mercado comum aos pedaços que terminará sendo uma Alca, paradoxalmente, em piores condições para a América Latina do que seria se houvéssemos negociado em bloco. Esses são os pontos muito curiosos da política latino-americana. Dissemos um "não" redondo à Alca para não estar em condições de desvantagem em relação aos EUA, e respondemos com tratados bilaterais muito mais inflexíveis e muito mais desvantajosos para os nossos países do que a negociação em bloco. Em conseqüência, finalmente, acabaremos numa Alca em piores condições.

No que se refere à Comunidade Sul-Americana, creio que esta comunidade é indispensável. Não é distinta, nem substitui a Alca, é diferente e complementaria, mas não vejo perspectivas neste momento de tanta confrontação ideológica presidencial. Quer dizer, se não encontrarmos um equilíbrio na relação entre Venezuela, Colômbia, Chile, Argentina e Brasil, que são os países que vão tomar as definições, será muito difícil estabelecer um processo de integração sul-americano consistente. Em outras palavras, o debate para um processo de integração é hoje político antes que econômico, ao contrário do que era há alguns anos.

Quanto às ditaduras das décadas passadas, creio que as sociedades da América Latina, em sua base, são muito mais democráticas que há 30 anos, independentemente de serem governos ditatoriais ou democráticos. E este é um salto extraordinário porque a sociedade fez sua a participação democrática assim como os direitos democráticos.

Depoimento de Carlos Mesa a Fernando Leça e Eliézer Rizzo de Oliveira

CARLOS DIEGO MESA GISBERT

Jornalista, escritor, historiador e analista político, Carlos Diego Mesa Gisbert (La Paz, 12 de agosto de 1953) foi presidente da Bolívia entre 17 de outubro de 2003 a 6 de junho de 2005. Entrou para a política em 2002 como candidato a vice-presidente de Gonzalo Sánchez de Lozada, que venceu o pleito por estreita maioria. O descontentamento social produzido por crises anteriores culminou com a renúncia de Lozada e a investidura de Mesa como sucessor constitucional. Inicialmente Mesa gozou de grande popularidade, mas depois, sem estrutura política que lhe desse apoio, também começou a enfrentar o descontentamento da população. Renunciou pela primeira vez em março de 2005, mas seu pedido não foi ratificado pelo Congresso, e ele tornou a renunciar em junho definitivamente.

FERNANDO LEÇA

Presidente da Fundação Memorial da América Latina, é bacharel em Direito pela Faculdade de Direito de São Bernardo do Campo, com mestrado pela Pontifícia Universidade Católica de São Paulo. Foi secretário de Educação e Cultura de São Bernardo do Campo, de 1977 a 1982; deputado estadual em São Paulo, de 1983 a 1991, e um dos fundadores do PSDB (1988). Também exerceu o cargo de delegado do Ministério da Fazenda em São Paulo (1993 a 1995) na gestão de Fernando Henrique Cardoso como ministro da Fazenda, e o de secretário chefe da Casa Civil (1998 a 1999) no governo de Mário Covas. Integrou o Conselho Superior da Fundação de Amparo à Pesquisa do Estado de São Paulo (1997 a 2004), foi diretor superintendente do Sebrae-SP, entre 1999 e 2002, e secretário de Estado do Emprego e das Relações do Trabalho (2002). Entre 2003 e 2005 foi secretário particular do governador do Estado de São Paulo, Geraldo Alckmin.

Eliézer Rizzo de Oliveira

Diretor do Centro Brasileiro de Estudos da América Latina do Memorial da América Latina, também é professor da Faculdade de Direito Metrocamp, de Campinas, São Paulo, além de pesquisador do Conselho Nacional de Desenvolvimento Científico e Tecnológico, CNPq. Publicou Forças Armadas: política e ideologia no Brasil, Rio de Janeiro, editora Vozes (1976), Forças Armadas: pensamento e ação política (organizador), Campinas, editora Papirus, 1986, De Geisel a Collor: forças armadas, transição e democracia, Campinas, Papirus, 1994, A Reforma do Estado (organizador), Campinas, Editora Unicamp, 1994, e Democracia e Defesa Nacional. A criação do Ministério da Defesa na presidência FHC, Barueri, Editora Manole, 2005.

Rodrigo Carazo

Costa Rica

RODRIGO CARAZO

Nós costarriquenhos dizemos que a estabilidade democrática se deve a muitos fatores, mas basicamente a dois: à educação e à solidariedade social ao longo de nossa história.Educação, porque desde o momento em que a conformação da nação se deu, a comunidade costarriquenha, inclusive antes da independência que ocorreu em 15 de setembro de 1821, preocupou-se com a educação; em 1869 se estabeleceu um princípio constitucional que diz que a educação é de caráter obrigatório para os pais de família, e gratuita por parte do Estado, o que gera um processo de formação na escola pública que vai transformar por completo a vida costarriquenha.

Este processo que já tem muitos anos nos fez criar uma condição de vida diferente da que se verifica em outros países, por causa do aumento do contingente de pessoas com capacidade ler e escrever, mas, também, de se relacionar abertamente na escola pública, que é o grande instrumento de integração social. O outro fator que distingue a Costa Rica é a solidariedade social. A Costa Rica é um país pobre, carente de ouro e prata, que eram as metas mais importantes dos europeus, portanto, como era pobre em minerais não chegamos à grande concentração humana que ocorreu em outros países. Aqueles que buscam a Costa Rica querem um pedaço de terra para cultivar, e para se relacionar. É um território que se conquista para poder produzir o que se necessita, e o que o país também. Então seu desenvolvimento se faz em função de uma necessidade de caráter comunitário, que faz com que nossas populações, pequenas em número de habitantes, relacionem-se de maneira muito direta entre si e com seus vizinhos. Esta solidariedade também faz com que a estabilidade política seja uma norma de vida. Todos sabemos que quando um povo se estima e se respeita não existem os problemas da confrontação racial, religiosa, nem tampouco da cultural. O costarriquenho sempre recebe bem o imigrante e o respeita porque o considera um fator de contribuição para seu desenvolvimento. Tal solidariedade se reflete em todas as fórmulas que vão conformando socialmente o país. Portanto, sabendo que todos necessitamos uns aos outros, a solidariedade nasce naturalmente.

Solidariedade é uma forma de vida. Se a solidariedade é praticada, encontramos seres humanos que, necessitando uns aos outros, vão formando uma sociedade integrada.Duas coisas: a Costa Rica está no coração da América Central. E a América Central, à exceção da Costa Rica, foi uma região muito assolada por problemas militares. Nós não gostamos de "uniformes", nem tampouco de instituições armadas. Por isso, desde 1948 abolimos o exército. Quando eu cheguei à presidência da República, e não foi um período de exceção na América Central, salvo nos últimos anos, a região se encontrava em sérios problemas políticos. Guatemala, El Salvador viviam situações muito difíceis; Honduras, Nicarágua, também, e sempre dizemos que Costa Rica, naquela época, era o único país com um governo em mãos de um civil.

Além disso, estávamos no meio da Guerra Fria e a América Central tem uma posição geopolítica sumamente interessante, não somente pela presença do Canal do Panamá, mas também porque é o centro de todo aquele "Mar do Caribe", que é, por assim dizer, geograficamente, o centro do mundo. Porque eu digo que é o centro do mundo? Porque é o centro do Continente Americano. E o Continente Ameri-

PRESIDENTES
DA AMÉRICA LATINA

cano é o centro do planeta. É o único que vai praticamente de um pólo a outro e, portanto, divide o mundo em dois. E aí, no centro deste planeta que divide o mundo em dois, está o Caribe. E nós vivemos no centro do Caribe, uma zona de grande interesse para as potências de todos os tempos.

Desde que os europeus vêm à América encontram ali um campo de confrontação, primeiro de espanhóis e ingleses, logo holandeses e dinamarqueses, então os franceses e todos os demais em busca de um pedaço de terra no Caribe, onde poderiam firmar seu poderio. Em 1978, quando o povo da Costa Rica me elegeu presidente, também tínhamos a presença de dois interesses claros, o da União Soviética e o dos EUA. Vivemos no meio da Guerra Fria. E este território centro-americano é, sem dúvida alguma, um campo de batalha para as duas potências que, naquele momento, disputavam o domínio sobre o planeta.

Então, o problema da América Central era um problema agudo quando cheguei à presidência da República. Mas, por sua vez é um desafio. E nós, que sempre buscamos fórmulas para resolver nossos problemas, falando claramente, dizendo o que pensamos, assinalando os problemas que podem ter uma comunidade e uma região, propusemos a criação da Universidade para a Paz. A mim me correspondeu levar esta idéia em nome da Costa Rica à Assembléia Geral da ONU (N. DO E. – ORGANIZAÇÃO DAS NAÇÕES UNIDAS), aprovada por unanimidade depts de uma grande luta, porque achavam que estavamos fazendo campanha. Enfim, uma vez aprovada, surge a idéia de o nosso país sediar a iniciativa, quando passa a funcionar a Universidade para a Paz da ONU, com o desejo de contribuir, mediante a educação e o desenvolvimento da cultura da paz, para um mundo diferente.

Este é o tipo de projeto que nós levamos como grande meta, paralelamente ao desejo de propiciar que a paz se vá conseguindo pela convicção profunda da nossa gente. Costa Rica sabe que para haver paz na região, temos que conservar a paz interna no país. Porque estamos, como disse antes, no centro da América Central, temos de defender a presença de valores superiores, fundamentais para que a gente possa viver de maneira estável e com tranqüilidade.

Não, não. Nós não temos armas. Não temos armas, nem defesa de nenhuma espécie de caráter militar. Acreditamos que a defesa fundamental da paz está na vigência plena da legislação planetária que busca a paz, na crença de que se pode conseguir a paz pela via institucional e pela via legal. A Costa Rica em muitas ocasiões sofreu invasões porque faz fronteira com um país como Nicarágua, onde a ditadura foi uma forma de vida. Mas recorremos a OEA (N. DO E. – ORGANIZAÇÃO DOS ESTADOS AMERICANOS), que dispõe de uma legislação que nos garantia a vigência da paz no Continente, sem a necessidade de exércitos.

Nós acreditamos que o exército é uma forma de destruir as nações e de desperdiçar os recursos dos povos. E que investindo bem o dinheiro, que poderia promover a Paz em vez da Guerra, conseguimos levantar as condições de vida dos povos.Um exemplo: quando nós abolimos o exército na Costa Rica, a expectativa de vida no país era de 45 anos. Atualmente é de 79 anos, quase 79 anos, um pouco menos. A taxa de mortalidade infantil, que era de 60 crianças por ano com menos de um ano de idade agora está em nove. Quando os países deixam de ter exércitos e passam a usar bem os recursos que seriam destinados às armas mudam o futuro dos povos. É a nossa filosofia.

O modelo sem forças armadas seria perfeitamente aplicável à região, e ao mundo. No instante em que o que se persiga seja o bem estar dos povos e não o domínio dos povos. Os países que têm exército sempre querem dominar o vizinho, sempre querem ser superiores em força militar em relação aos vizinhos, e, portanto, desperdiçam os recursos do povo. Nós não pretendemos ser modelos. Queremos que cada país chegue à sua própria conclusão, como chegou o Panamá, que também neste momento não tem exército, e busca assim a aplicação adequada de seus recursos. Em todo o Continente temos sérios problemas que representam desafios e ameaças para a democracia na região. Óbvio, temos o problema das drogas, sem dúvida, o do tráfico de armas, que é uma ameaça para nossa região. E o dinheiro sujo distribuído pela corrupção e com ela fórmulas negativas de vida para os nossos povos.

Com os recursos necessários ao combate à violência e aos vícios da comunidade que antes mencionei, poderíamos resolver muitos outros problemas. Nós queríamos ter melhor educação, melhor saúde, nos sentimos muito felizes de poder cobrir 97% da população com um seguro social que funciona, mas queríamos que funcionasse melhor. E nos interessa muito um sistema de educação que alcance todo o território nacional, além de comunicação, telefonia e energia elétrica em todo território nacional, como produto do investimento de recursos que os seus países empregam em armas. Acreditamos que deixar de comprar armas para satisfazer as necessidades dos povos, os povos serão mais felizes.

As relações entre Brasil e Bolívia agora andam tensas por conta da questão energética e eu diria o seguinte: quando o senhor quer se converter em professor da Paz, nunca resolva o problema do matrimônio vizinho, porque cada vez que se aproxima mais do "casal", o senhor provoca mais problemas entre eles, e os dois se aborrecem com o senhor. Se eu disser o que tem de fazer o Brasil ou o que tem que fazer a Bolívia para não ter problemas, Bolívia ou Brasil vão se aborrecer comigo. Insisto que o problema entre Bolívia e Brasil é um problema entre os dois, que deve ser resolvido pelo diálogo.

Em relação ao Mercosul posso dizer que se trata de um fenômeno muito parecido com o que temos. Nós queremos estar integrados na América Central, mas não podemos conseguir nunca enquanto beneficiamos determinadas empresas, antes de outras, porque se privilegiamos, o que estamos fazendo é colocá-las à frente de interesses nacionais. E, assim, elas vão querer cada vez mais. Então, estão perseguindo o benefício próprio, o benefício empresarial, mais que o benefício nacional.

Então, para dirigir os destinos de nossos países positivamente, integrando-os, devemos exigir destas empresas que não exijam dos países aquilo que eles não estão dispostos a dar, porque eles não estão dispostos a serem generosos, uma vez que, como sabemos, ninguém se organiza para não fazer negócios, me refiro a ações empresariais.

Mas aos países e aos governos compete se organizar no sentido de buscar o bem-estar geral. De maneira que, o problema da integração, que não é só desta sub-região, mas também da nossa, resolve-se pela via do respeito recíproco e com firmeza na busca por soluções de caráter nacional, e não de caráter empresarial, porque se eu em vez de ter interesses nacionais e regionais com meu vizinho coloco os interesses empresariais, então vou ter problemas.

Outra questão importante para todos nós: passamos, o mundo inteiro, do que se chamou o "domínio do Deus Estado" ao "domínio do Deus Mercado", e neste momento, demos conta de que o levantamento econômico ia mal, demos demasiada importância ao "Deus Mercado".

Neste momento, os povos e as nações em geral, o mundo está caminhando para trás, buscando o meio termo, em que o Estado seja importante por sua regulação e participação, em benefício da comunidade, e o mercado um objetivo importante para conseguir o bem-estar econômico. Então, o desenvolvimento econômico que hoje buscamos, tanto aqui como ali, é um desenvolvimento no qual o Estado tem que ter um nível adequado, de acordo com as características de cada uma dessas regiões. Os problemas dos nossos países são muito parecidos. Somos países em desenvolvimento.

Temos dificuldades inerentes sempre diretamente relacionadas à falta de recursos. Mas também à má distribuição dos recursos. Por isso mesmo, orientar os países, fazer uma fórmula positiva de desenvolvimento, é um fenômeno de cultura política, que os povos têm de entender. E o desafio fundamental que temos neste momento, Brasil e Costa Rica e todos os países da região, é entender que este futuro não pode vir sem analisar séria e profundamente cada um dos passos políticos, econômicos e sociais que devemos dar. Vou citar um exemplo. Que é óbvio e fácil de entender, o da educação. Se, porque a educação é cara, eu não dou a oportunidade às famílias e crianças dos lugares distantes, de alcançar a educação, este fenômeno da perda do valor humano, que não foi educado, vai nos causar problema no

PRESIDENTES
DA AMÉRICA LATINA

futuro. De maneira que isso, que poderia se considerar uma onda de pressuposto hoje, é uma perda de oportunidades para amanhã, e esta circunstância nos obriga, então, a sermos muito cuidadosos com a distribuição dos recursos próprios de cada nação.

Depoimento de Rodrigo Carazo a Eliézer Rizzo de Oliveira

RODRIGO CARAZO ODIO

Formado em Ciências Econômicas pela Universidade da Costa Rica, Rodrigo José Ramón Francisco de Jesús Carazo Odio (Cartago, 27 de dezembro de 1916) foi presidente da Costa Rica de 1978 a 1982. Professor, Carazo começou sua vida pública em fins dos anos 40 como administrador Municipal do Cantón de Puntarenas, e entre 1953 e 1954 foi Diretor Geral de Economia do Ministério de Economia e Fazenda. Deputado por San José (1966 a 1970) e presidente da Assembléia Legislativa (1966 a 1967), candidatou-se à presidência pela primeira vez em 1974, tendo sido eleito no pleito de 1978. Enfrentou uma grave crise econômica e uma administração polêmica por sua decisão de permitir que no país operasse a Frente Sandinista de Liberación Nacional, o que colocou a Costa Rica à beira de uma guerra com a Nicarágua. Durante sua administração criou no país a Universidad para la Paz.

ERNESTO PÉREZ-BALLADARES
PANAMÁ

Meu mandato se iniciou em 1994, quatro anos depois da terrível invasão dos EUA a meu país, finalizando um processo de 21 anos de ditadura militar. A mim coube aprofundar e dar credibilidade ao povo para implantar a democracia e participar, além de assegurar a criação de um novo espírito no Panamá, que afortunadamente se conseguiu, de participação democrática e de mudanças de governos institucionalizados.

À parte de introduzir alguns movimentos de contato direto e de um fazer mais participativo e menos representativo, o sistema democrático panamenho foi fundamental ao fortale-

PRESIDENTES
DA AMÉRICA LATINA

cimento da institucionalização democrática. O Panamá conhece hoje uma efetiva direção civil sobre as forças armadas. Uma das mudanças constitucionais obtidas no início de meu governo e na finalização do governo anterior, ambos de diferentes signos políticos, foi, como já disse, introduzir um artigo constitucional proibindo a existência de um exército.

De forma que no Panamá há uma polícia nacional, há uma polícia de fronteira, há uma polícia que cuida das questões marítimas e há um serviço aéreo nacional, mas não há uma estrutura organizacional de um exército nacional. Claro que as circunstâncias em meu país são bem particulares; não podem ser generalizadas. Nós temos uma história harmoniosa, de muitos anos de confraternização com a América Central, particularmente na nossa fronteira com a Costa Rica, e ainda que tenhamos problemas de fronteira com a Colômbia, nossa relação formal com a Colômbia é excelente, extraordinária. Além de o Panamá ter sido, como se sabe, historicamente parte da Colômbia. Assim, não haveria nenhuma justificativa para manter um exército propriamente dito porque não temos uma ameaça contra nossa segurança, nossa integridade.

Os importantes processos de cooperação, de integração da região em que o Panamá se inscreve, foi um dos temas que conversava com alguns de meus colegas centro-americanos, justamente porque, às vezes, nós latinos – americanos temos o conceito errado de pôr o "carro adiante dos bois". Criamos institui-ções muito grandes e eloqüentes e, verdadei-ramente, não lhes damos o poder necessário para conformar o conjunto de leis e de nor-mas, que de alguma forma significa saber um pouco sobre nossa própria soberania, para as-sim conseguir uma uniformidade das leis e de comportamento econômico.

Veja a nossa experiência na América Cen-tral, que acredito ser similar em alguns pontos às experiências sul-americanas e que contra-diz, por exemplo, a experiência européia. Aqui começaram criando uma série de normas que superditavam as legislações internas àquelas legislações multinacionais.E foram pouco a pouco então se desenvolvendo as instituições que deram origem ao crescimento das institui-ções econômicas e das instituições que permi-tem o livre intercâmbio de serviços.

Aqui tratamos mal. Forçamos datas que não cumprimos para tratados de livre comér-cio, para tratados de integração aduaneira; não quisemos tomar a decisão de ceder em nossa soberania a estes organismos supra-re-gionais que nos impunha critérios de igualda-de de comportamento a todos.

A América Latina tem desafios. A falta de credibilidade dos cidadãos nas instituições é uma das principais ameaças à democracia da região. A que se deve a falta de credibilidade? Este é um problema que atribuo a uma série de fatores, mas é certo que nós temos obriga-ções políticas de impulsionar mudanças que se adaptem às nossas instituições para os cidadãos acreditarem.

Justamente neste encontro que estamos tendo hoje, no qual focalizamos o tema dos movimentos na América Latina, assinalamos isto, e assinalamos a falta de adequação dos partidos políticos com o novo sentimento dos cidadãos. Óbvio que na medida em que os cidadãos não se sintam representados, que suas aspirações não estejam sendo diretamente solucionadas pelo sistema político, eles se convertem então em uma ameaça ao sistema democrático.

Mas me ocorre assinalar outra questão que talvez seja nova, mas que é importantíssima e que, de uma forma ou de outra, não somente ameaça o sistema político, mas também ameaça nossas próprias possibilidades de desenvolvimento econômico. É a questão da subordinação, do banditismo, enfim tudo o que estamos vivendo em alguns pontos da América Central. Pessoas que se dedicam a atuar fora da lei, que estão ligadas a atividades como o narcotráfico, marginais enfim, assassinos que têm estado permeando nossas sociedades, atentam contra o sistema democrático, por razões óbvias, porque além de tudo o critério de participação deles é antidemocrático, um sistema em que os valores são totalmente antidemocráticos.

Mas constituem também uma ameaça às nossas próprias possibilidades de desenvolvimento, na medida em que nossos países, sobretudo os países pequenos, como o meu, não possam atrair o suficiente nível de investimentos privados e públicos e não conseguem se desenvolver.

E este clima de insegurança e instabilidade, de criminalidade, é evidente que não favorece investimentos nos nossos países.Há o perigo de os estados latino-americanos, na questão da segurança pública, atuarem além do Estado de Direito. Eu penso que é fundamental combater a delinqüência com um Estado forte. Infelizmente, de uma forma ou de outra, durante todas as três décadas anteriores, temos vivido sob contínua crítica aos estados fortes. Porque se identificava o Estado forte como um Estado intervencionista. De alguma forma, todo este tema de neoliberalismo e do Consenso de Washington debilitou desnecessária e equivocadamente a força dos estados na América Latina.

Eu creio que nossos países estão clamando, e nossos cidadãos também, cada vez mais claramente, por um Estado que permita, claro, a participação ampla e aberta, mas um Estado que tenha a capacidade e a possibilidade de combater a delinqüência, de pôr ordem, e que, de alguma forma, se estabeleça a regra de participação.

Não é verdade que o Estado por si não é eficiente. O Estado tem que administrar políticas públicas que não possam ser administradas e não possam ser levadas adiante pelo setor privado. E o Estado é eficiente administrando políticas públicas.

Há os movimentos de rua que ocorrem em torno de temas e problemas específicos, e logo se tornam movimentos que têm como princípio mudar o rumo político do país e que configuram um dilema difícil. Não parecia ser possível ou fácil colocar tudo dentro das formas de participação institucional, os partidos políticos. Eu creio que temos que reconhecer que o surgimento destes movimentos se dá pela inconformidade de participação nas formas tradicionais. Ninguém se sente representado, ou suficientemente representado por algum partido político, para participar de algum movimento reivindicativo em qualquer área, seja a da terra, a da água, como estávamos conversando, ou de qualquer outra esfera.

A experiência no meu país é a seguinte: alguns vizinhos se reúnem, independentemente de sua participação político-partidária para reclamar a solução de problemas que os afetam, e se convertem nos interlocutores válidos dessas comunidades, à margem dos partidos políticos e à margem das estruturas institucionais. De uma forma ou de outra, nós, os políticos e governantes da América Latina, temos que abrir as vias de participação, reconhecer que estes movimentos existem e são legítimos, que são uma expressão válida da sociedade, e não tratá-los como criminosos.

Acredito que na medida em que fizermos isso, podemos abrir mais e mais a participação de diferentes formas de governo, um pouco mais amplas que as tradicionais. Acho que assim apontamos para um processo positivo de renovação da democracia. Outro tema que afeta toda a América Latina por igual é a tensão entre a democracia e os resultados sociais da economia, questão- que acredito esteja marcando os países da América Latina. Em alguns casos a situação da inadequada distribuição da riqueza, como é o caso de meu país, a questão representa um dos grandes debates nacionais. O Estado tem que ser pró -ativo na distribuição da riqueza nacional. E a única forma que o Estado dispõe para fazer isto é por meio de investimentos na rede social. E para ter dinheiro para realizar investimentos, tem de haver uma participação maior nos impostos, principalmente daqueles que podem pagar mais. Eu não conheço outra forma de repartir melhor as riquezas geradas por um país que não seja mediante o investimento na educação, na saúde, na infra-estrutura e na ajuda direta às comunidades de extrema pobreza.

Agora vivemos um dilema no Panamá. Nós vamos, se Deus quiser, muito brevemente, aprovar num referendo a próxima ampliação do canal do Panamá. E aí se vai produzir, durante os próximos 20 anos, um ingresso imenso para nossos países, para o trânsito diretamente dos estados produtores onde estão nossos produtos. Creio que temos aí uma oportunidade de ouro para buscar um mecanismo de redistribuição adequada da riqueza com investimento social. Claro, um caso muito particular, mas poderia ser similar ao de países como Venezuela e Bolívia, de produtos naturais, como o gás, o petróleo, etc.

Nossos países podem fazer uma redistribuição em tempo suficiente sem criar traumas que significariam um golpe revolucionário imediato. Outra questão relevante para todos nós: eu creio que a importância ou a falta de importância que tenhamos, nós latino-americanos, para os EUA, para os europeus ou para os asiáticos, nós mesmos temos que dar. Ninguém vai nos reconhecer graciosamente.

Nem há, agora mesmo, nenhum interesse por parte deles, tendo se superado o tema da guerra fria, inclusive o tema do tráfico e do narcotráfico que para os EUA agora é um problema de produção interna deles e não somente da América Latina. Agora, há uma questão que, como sabemos, é a prioridade número um, que é o terrorismo. E em conseqüência, os Estados Unidos só têm focalizado isto, nos relegando a uma posição menos importante.

Mas reitero: não se trata de esperarmos que alguém nos reconheça; eu creio que a América Latina tem que ter sua própria posição no mundo. Aquela que nós mesmos latino-americanos nos damos. Nenhuma das potências e nenhum dos grupos econômicos mundiais podem fazê-lo por nós. Sobre a Bolívia, a questão do gás, e a possibilidade de uma redistribuição social, eu gostaria de dizer que tenho certeza de que em breve a questão entre Brasil e Bolívia se resolverá de forma favorável para os dois países. Eu acredito que, às vezes, um vai além do ponto que realmente quer chegar para que o outro possa ceder um pouco e assim se alcance o objetivo pretendido.

Parece-me que há boa disposição e boa voluntariedade para que sejam assegurados os interesses tanto do Brasil quanto da Bolívia.

Eu que agradeço muito a oportunidade de expressar algumas idéias sobre a América Latina que, evidentemente, está passando por grandes mudanças e é um tema apaixonante. E, talvez, que nós possamos, os latino-americanos, sentirmos identificados, de alguma forma, muito além de nossas próprias nacionalidades, que é o que verdadeiramente vai nos fazer progredir como região e não como país.

Depoimento de Ernesto Pérez-Balladares a Eliézer Rizzo de Oliveira

Ernesto Pérez-Balladares

Mestre em economia e administração de empresas com especialidade em finanças, Ernesto Pérez-Balladares Gonzalvez Revilla (Cidade do Panamá, 29 de junho de 1946) foi presidente do Panamá entre setembro de 1994 e setembro de 1999. Começou sua vida profissional na iniciativa privada . Foi eleito Ministro da Fazenda e do Tesouro em 1976 pelo General Omar Torrijos. Três anos mais tarde fundou o Partido Revolucionário Democrático do qual se retirou em 1984 para formar o Partido Nacionalista Popular, dissolvido por não contar com o quorum exigido para ser considerado ativo. Voltou ao PRD em 1991, no qual

Presidentes da América Latina

mais uma vez ocupou o cargo de Secretário Geral. Ganhou as eleições presidenciais com 33,3% dos votos, sucedendo Guilhermo Endaro. Seu governo se caracterizou pelas políticas de livre mercado, que incluíram o país na Organização Mundial do Comércio (OMC) em 1995.

VALENTÍN PANIAGUA

PERU

Creio que a tarefa que cumprimos no ano 2000 tinha objetivos muito claros, no sentido de restabelecer a vigência de ordem democrática e de ordem constitucional, e firmar as bases para um novo processo de desenvolvimento econômico e social. Fixamos então os objetivos do governo nestes aspectos. Mas havia também uma tarefa importante a se cumprir que era iniciar o processo de moralização e de saneamento ético no país, o que significava iniciar processos de investigação e inquisição judicial contra os responsáveis pela corrupção que se havia alentado, produzido e conduzido por parte do poder durante a administração de Fujimori. Paralelamente à tarefa de moralização, seria preciso fazer um esforço para recuperar instituições que tinham sido desnacionalizadas ou destruídas como conseqüência da corrupção e da desordem constitucional e administrativa produzidas no país. De maneira especial, havia que re-institucionalizar as forças armadas e as forças policiais que tinham sido dominadas pela corrupção e pelo sistema que controlava desde o serviço de inteligência a Montecinos, que era certamente sócio político de Fujimori.

Estes esforços deviam ser complementados, num momento em que já haviam sido convocadas as eleições para o ano 2001, em vista de que o presidente eleito, Fujimori, se viu obrigado a renunciar, devido ao aparecimento público de um vídeo que documentava a maneira pela qual se haviam subornado os deputados da oposição para conseguir seu voto à maioria parlamentaria que representava Fujimori no Congresso.

Conseqüentemente, era preciso construir, se é que podemos usar a comparação, no meio da tempestade. E isso foi o que se tratou de fazer. Criou-se o sistema nacional anticorrupção; criaram-se procuradorias públicas encarregadas da persecução dos delitos cometidos no desenho da corrupção de Fujimori, abriram-se processos para a fiscalização da administração pública para o momento e, naturalmente, para o futuro, criando, por exemplo, portais do governo e portais do Ministério da

Economia, a fim de dar transparência à atuação do Estado. Foram ditadas leis de acesso à informação pública permitindo um conhecimento mais certeiro e direto da administração nacional. Paralelamente, firmaram-se as bases de um processo de recuperação da identidade nacional, posto que Fujimori, se caracterizou pela absoluta insensibilidade frente aos valores nacionais e aos valores ancestrais e tradicionais do Peru, naturalmente como conseqüência de sua origem japonesa.

Este foi um esforço muito mais complexo e difícil, e simultaneamente era necessário cumpri-lo com um trabalho de reestruturação da política educacional e cultural do Peru.

Em resumo, havia uma tarefa complexa tanto no plano político, como no social e no cultural, mas não era menor o esforço que se deveria fazer na área econômica. A reeleição de Fujimori significava a utilização desonesta e sem apreensão dos recursos orçamentários, particularmente das forças armadas, que deveriam por ordem na administração financeira do Estado. Era necessário deter o déficit fiscal que já estava comprometendo as obrigações que o Peru havia contraído com o FMI (N. do E. – Fundo Monetário Internacional) e, naturalmente, tinha-se que se levantar a economia em geral, colocar ordem e regularidade na administração, em especial, na orçamentária.

Isso se fez a um custo muito elevado para o governo de transição que foi não realizar obras públicas, congelar a administração, mas, se conseguiu, ao final do período de quase nove meses, reduzir o déficit fiscal que estava quase em 4% para menos de 2%, que era a cifra de compromisso com o FMI. O que é mais importante, a economia, já em franco processo de crescimento, não deixou de crescer um mês sequer, o que revela que o saneamento foi eficaz e claro.

Não pude, por certo, empreender outro tipo de medida como era de se desejar na reorientação muito mais clara da política econômica para atacar a pobreza, que já neste momento era agonizante e muito maior do que é agora. Tampouco pude empreender processos de grande alento como as descentralizações, ou as reformas de estrutura de Estado que eram absolutamente indispensáveis, tendo em vista a desordem administrativa vigente.

O presidente Toledo deu continuidade a muitas das iniciativas do governo de transição, outras ele abandonou. Entre essas últimas, por exemplo, a política nacional anticorrupção se debilitou em excesso.

Por outro lado, ele continuou com muito entusiasmo um projeto que nós lançamos e que não pudemos concretizar, que foi a criação de mecanismos de definição das políticas do Estado, quer dizer, das políticas de longo prazo, institucionalizando o diálogo entre as forças políticas por meio do que denominamos acordo nacional.

À parte desta instituição, criada no primeiro gabinete do presidente Toledo, conseguiu-se instalar um clima de diálogo entre as forças políticas e definir, por meio de um compromisso, a defesa de políticas de Estado de longo prazo fixadas num horizonte de algo como mais de 20 anos, até o ano de 2021, quando se comemora o segundo centenário de emancipação nacional.

Este é um passo muito importante para disciplinar o controle político e administrativo do país e, seguramente, se o presidente Toledo houvesse seguido as grandes lições que fixavam estas políticas de Estado, sua administração teria sido algo mais eficaz e, é provável, teria evitado muitos erros graves que agora o atingem.

Não obstante, quero mencionar que o regime do presidente Toledo foi suficientemente capaz de manter vigentes as liberdades democráticas, o respeito à participação cidadã, e naturalmente o livre exercício da liberdade de imprensa e de opinião no país.

Feitos circunstanciais de caráter político e administrativo, no entanto, assolaram esta gestão, mais do que por obra do presidente Toledo, por obra do seu entorno familiar, o que resultou numa aprovação que, seguramente, teria conseguido em proporções maiores do que tem, ao longo destes últimos anos.

Não obstante, o crescimento econômico produzido nos cinco anos deu ao presidente Toledo uma imagem positiva que paulatinamente estava recuperando nos últimos três meses, e hoje tem uma aprovação próxima de

PRESIDENTES
DA AMÉRICA LATINA

35%, que é uma expressão do reconhecimento que merece, certamente, por sua preocupação no controle da estabilidade macroeconômica e de uma série de responsabilidades no controle da administração financeira e orçamentária do Estado.

Não poderia dizer o mesmo em outros aspectos que a nosso juízo deveriam ser empreendidos e que são parte de uma agenda para cumprir no futuro, entre eles, por exemplo, a revolução educacional que era indispensável empreender praticamente no "mesmo dia" em que se fez a transição. Nós, com este propósito havíamos juntado um programa que denominamos Consulta Nacional pela Educação que tinha como objetivo recolher os pontos de vista de todos os setores do país para a formulação de um projeto de educação nacional.

Esta informação serviu para a continuação deste projeto e creio que o novo governo, qualquer que seja que resulte do próximo processo eleitoral, deverá assumir este projeto, deverá legitimá-lo mediante um arranjo nacional pela mudança educacional e empreender a tarefa muito difícil, com certeza, de elevar a qualidade da educação ao mesmo tempo em que deverá garantir uma cobertura apropriada, que hoje em dia é insuficiente em todos os níveis educacionais. Esse processo, conjuntamente com o processo de luta contra a pobreza, que implica um grande esforço de descentralização, de investimento em infra-estrutura de transportes e de comunicações, e de financiamento ao setor agropecuário, são, na minha opinião, as tarefas mais transcendentes que o governo tem de empreender, numa conjuntura do ponto de vista externo muito favorável para o crescimento. Mas o Estado peruano deverá esforçar-se para conseguir uma alta competitividade, para assim obter benefícios do Tratado de Livre Comércio que o presidente Alejandro Toledo Manrique se empenhou em assinar. Naturalmente, este tratado tem a grande desvantagem de poder prejudicar os setores mais empobrecidos da economia do Peru, que são os agropecuários e que, por não contar com apropriada proteção, vão sofrer a erosão que significa a competição desleal dos produtos agrícolas subsidiados dos EUA.

Creio que em meio a todas as dificuldades que o Peru está confrontando atualmente, há uma perspectiva que podemos olhar com otimismo e fé, enquanto a democracia se mantiver como sistema, enquanto se pratique o diálogo e se busque o arranjo e o consenso como mecanismos de solução dos conflitos que assolam a sociedade peruana.

O esforço feito no governo de transição foi amplamente reconhecido pela opinião pública do país e, historicamente, creio que será recordado como um empenho criador que utilizou, de modo mais eficaz, os recursos então escassos do Estado para reconstruir democrática e constitucionalmente o país. Eu me sinto profundamente satisfeito com a eficiência com que trabalhou a equipe que me acompanhou neste esforço, equipe que, naturalmente comandou e inspirou Don Javier Pérez de Cuéllar, o presidente do Conselho de Ministros, e que imprimiu à nossa gestão, não somente brilho, mas também uma eficiência extraordinária.

Quanto ao processo político atual, creio que, no que diz respeito a mim, e ao meu partido, não tivemos na oportunidade uma circunstância propícia, uma vez que se produziu uma polarização talvez grande demais e intencional por parte dos meios de comunicação e dos grandes núcleos de poder da sociedade peruana, com o propósito de favorecer a candidatura da autora Lourdes Flores.

Este feito fez com que esta polarização favorecesse paralelamente a Ollanta Humala, o que permitiu um crescimento verdadeiramente vertiginoso em sua força e respaldo popular, fazendo com que fosse possível que a campanha em torno de Alan Garcia se reduzisse muito, e aparecesse dispersa no curso do processo, e que todo o esforço nas vias de combate contra os competidores de Lourdes Flores se centralizassem na candidatura que eu representava, frente ao centro. E isso, naturalmente, nos enfraqueceu muito, a ponto de, mesmo em primeiro lugar nas pesquisas no início do processo, terminarmos praticamente no quarto lugar. No entanto, para criar a opção eleitoral que os meios de comunicação haviam proposto, e no Peru, eles tradicionalmente oferecem possibilidades de acesso eqüitativo às diferentes tendências, desta vez, fecharam-se de modo claro e inapto em favor de duas candidaturas originalmente, depois a três para facilitar o êxito da candidata das forças conservadoras, Lourdes Flores. O panorama era muito claro, o temor que representava Humala favorecia a eleição de Lourdes Flores e o "antivoto", com que contava Alan Garcia, fazia igualmente com que fosse um candidato aparentemente fácil de vencer por Lourdes Flores, na hipótese de que obtivesse um melhor respaldo do que Humala.

Os fatos confirmaram um panorama diferente, ou configuraram, ao final, um panorama distinto em que Garcia e Humala terminaram protagonistas do segundo turno eleitoral. O Peru, frente a esta situação, como é perfeitamente conhecido na América Latina, adotou uma posição óbvia: há dois candidatos que oferecem riscos iguais, um por seu passado que não teve êxito na gestão do Estado e o outro porque é desconhecido e, naturalmente, não tem nenhuma trajetória política nem preparação aparente para controlar os destinos do país.

O processo na segunda etapa eleitoral foi caracterizado, então, por uma falta de entusiasmo e fé, ou uma grande angústia e desconfiança diante do que viria. Não obstante, é óbvio que o Peru terá que fazer uma opção entre ambos os candidatos. O meu partido deixou seus militantes em liberdade para votar por um ou outro candidato. Segundo as pesquisas, um terço dos eleitores de minha candidatura respaldaria Garcia, outro terço Humala, e um terço não votaria em nenhum deles. Fenômeno que se parece muito ao de outros grupos de centro e de esquerda que também participaram no processo. Não é o caso dos militantes da União Nacional, partido que apoiou Lourdes Flores, que vai apoiar Alan Garcia com 80%. Segundo as pesquisas, em primeira instância, parecia, ao iniciar-se o segundo turno eleitoral, que Garcia iria ter larga vantagem, mas nos últimos dias, surgiu uma grande dúvida a propósito de uma pesquisa feita com simulação de voto em cédulas, cujo resultado foi uma pequena diferença de quatro pontos entre ambos.

Eu penso que o Peru, como o resto da América Latina, confronta uma conjuntura particularmente difícil, em que, paradoxalmente, há um entorno externo muito favorável para o desenvolvimento econômico, o crescimento das atividades produtivas, tanto da indústria como da agricultura, e as estatais pelos altos preços que têm os produtos no mercado internacional.

Mas, paralelamente, também, há a absoluta convicção de que os recursos naturais, que haviam sido no passado a fonte fundamental de riqueza no Continente, começam a se esgotar, e portanto a América Latina tem que mudar sua política tanto em relação à preservação dos recursos naturais ou à obtenção de vantagens por eles no mercado internacional, assim como à preservação do meio ambiente.

Isso criou um grupo de políticas que vai se generalizando na América. Políticas de revisão, de concessões, de contratos para o aproveitamento dos recursos naturais. Essa tendência que se notou primeiro na Venezuela, e agora na Bolívia, de modo bastante agressivo, é uma preocupação também para os demais países latino-americanos, que estão revisando legislações e estão legislando também tratados de caráter contratual para estabelecer melhor os mecanismos de aproveitamento e participação da imensa riqueza que significa a exploração dos recursos naturais, petróleo ou gás, que diante do crescimento internacional da economia, podem se esgotar. O preço do petróleo se fixa não por fatores puramente especulativos, mas por motivos econômicos, uma vez que há um evidente crescimento do consumo, daí o risco de que este recurso se esgote nos países onde está sendo explorado. E isso faz com que os países tenham que modificar suas legislações. No caso do Peru, eu tenho a impressão de que este é um dos temas da agenda política.

Outra grande questão é a pobreza. Um tema que igualmente convoca e exige a participação, não somente do investimento externo, que é fundamental, e do investimento privado, estrangeiro ou nacional, mas também do Estado na criação de infra-estrutura indispensável para garantir o aproveitamento de enormes recursos em zonas ainda inacessíveis para seu adequado aproveitamento. Conseqüentemente, são tarefas que requerem presença mais dinâmica do Estado. A revolução educacional e a luta contra a pobreza são tarefas necessárias, assim como a reforma da estrutura do Estado, a descentralização, o desenvolvimento do setor agropecuário, a integração agro-industrial e, naturalmente, o desenvolvimento industrial que vem cobrar um novo impulso nestes tempos.

Por trás de tudo, existe uma preocupação séria a ser confrontada, e o Brasil deu uma "clareada histórica". Temos que pensar em energia e em fontes alternativas, tanto para as hidrelétricas quanto para as petrolíferas. E, também para a "agro-energia", já que a produção de álcool, ou a produção de outros tipos de combustíveis de natureza agrícola são fundamentais. Se olharmos para a América Latina, creio que são estas as questões que movimentam o panorama, temas de nossa conversa neste encontro que acabamos de celebrar aqui em São Paulo.

Creio que o processo democrático latino-americano vem se consolidando no sentido de assegurar uma regularidade nas transições de governos democráticos para governos democráticos. Por outro lado, este processo não seguiu a mesma tendência no que se refere à correção de ineficiências próprias do sistema para a criação da cidadania, entendendo por isso a criação de serviços básicos fundamentais, dos quais depende a verdadeira e real cidadania. Isto quer dizer acesso à saúde, educação, a melhores condições de segurança social, etc.

Paralelamente, nota-se um esgotamento que é fruto de um processo de evolução que se chamou de "vídeo política". Combina com o fenômeno da antipolítica, que se pratica por quem disputa por meio de partidos políticos a representação na sociedade. De um lado são as ONGs, ou as instituições da sociedade civil; por outro, são os meios de comunicação, que têm debilitado o papel de intermediação e representação dos partidos sem que chegue a se definir com clareza e nitidez a forma mais apropriada de relação.

A democracia, de fato, se debilita na medida em que depende de um cidadão, mais ou menos informado, e a informação televisiva omite, deforma e desinforma os cidadãos. Isso gerou um tipo de democracia que está muito mais sujeita à publicidade e à propaganda do que à reflexão, e ao diálogo. Esses são fenômenos que devem ser examinados. A tudo isso se adicionou, como conseqüência de problemas concretos do próprio desenvolvimento, grandes movimentos em defesa do meio-ambiente, ou dos recursos naturais. Acarretou ainda reivindicações de grupos indígenas, excluídos no interior dos países, e tratando agora de afirmar sua própria identidade, e ao mesmo tempo de vencer a exclusão de que são vítimas. Além de movimentos de caráter social mais definidos dentro do sistema, como são as reclamações por falta de uma participação apropriada, de uma educação de qualidade, de oportunidades de trabalho.

Todos estes fenômenos fizeram com que a democracia na América Latina se desenvolva num clima sumamente conflituoso, e no qual a estabilidade resulta difícil, tendo que enfrentar movimentos representativos de fatores muito dinâmicos de ação dentro da sociedade, que atuam sem a necessidade de se institucionalizar, sem garantir sua permanência e, naturalmente, inaugurando bandeiras que são afetas à simpatia e ao respaldo de caráter popular.

Nós nos esforçamos para integrar-nos com nossos vizinhos, e salvo as dificuldades que sempre encontramos com o Chile, com todos os demais vizinhos conseguimos formas de entendimento final. Com o Brasil, por exemplo, estamos neste momento levando a cabo no programa da I-Irsa, três vias da transamazônica, a interoceânica como a chamam, para chegar ao Pacifico. O senhor mesmo acaba de falar desta integração ferroviária, que acredito que tenha a ver com a exploração de ferro na Bolívia e que levaria, através de uma estrada de ferro com investimentos chineses, esses recursos à costa peruana na zona de Moqueua ou Tagna, uma estrada de ferro que atravessando a Bolívia, e é uma via natural de comunicação já com o Brasil, chega ao Pacífico.

Enfim, nós fizemos todos esses esforços, temos planos de integração bilateral em projeto hidrelétrico e agrícola com o Equador, aproveitando as águas do rio Tumbes, que é o rio fronteiriço, e com a Colômbia, igualmente, pois fazemos esforços conjuntos para a luta contra a guerrilha e para o desenvolvimento da zona da selva, a da selva tropical. Conseqüentemente participamos deste processo.

Nesses últimos dias surgiram vozes de discórdia, lamentáveis, por parte da Venezuela, que geraram um clima bastante difícil no grupo Andino. É uma exceção, só uma anedota, que esperamos não contribua para a destruição do grupo Andino. Nós continuamos empenhados na integração, inclusive sub-regional andina, e participamos de todos os esforços, incluindo o promovido pelo Brasil, quanto à aliança sul-americana de nações, idealizada com o propósito de obter benefícios e aportar o que podemos dentro deste novo cenário continental.

Depoimento de Valentín Paniagua Corazao a Fernando Leça

Valentín Paniagua Corazao

Advogado formado pela Universidad Nacional San Antonio Abad Del Cusco e pela Universidad Nacional Mayor de San Marcos, Valentín Paniagua Corazao (Cuzco, 23 de setembro de 1936) foi nomeado Presidente Transitório da República do Peru de novembro de 2000 a julho de 2001. Presidente do Congresso, Paniagua assumiu com a renúncia de Alberto Fujimori e de seu vice. O principal objetivo de seu mandato foi convocar eleições para 2001, que elegeram Alejandro Toledo Marinque.

MARCO VINICIO CEREZO

GUATEMALA

Marco Vinicio
Cerezo

Temos de reconhecer que a América Latina está vivendo, pela primeira vez na história, um período de democracia prolongada e institucionalizada. Realmente, apesar das diferentes manifestações que vem ocorrendo nos tipos de governos, com exemplos como Venezuela, Bolívia, etc, são manifestações naturais da vida democrática de cada nação. Eu creio que não há o que se discutir. A cada dia se distancia mais o fantasma do retorno de governos autoritários e ditatoriais, e que a democracia segue no caminho da consolidação, da ampliação, com a participação de setores que nunca haviam antes participado: os grupos étnicos, ou os chamados grupos indígenas têm progressivamente maior presença.

A muitos preocupa esta participação, mas é parte natural da vida democrática que grupos étnicos, grupos marginalizados, grupos sociais, sindicatos, organizações não-governamentais, se manifestem. Democracia por definição é um sistema não só representativo, de eleições políticas de governantes, mas sim de uma participação que deve progressivamente se incluir nas decisões políticas do país. Portanto, estamos vendo na América Latina um fenômeno que não é tradicional, e não podemos falar de reconstrução ou reinstalação da democracia, uma vez que, sinceramente, do meu ponto de vista, não houve democracias constituídas, permanentes e institucionalizadas na maioria das etapas da América Latina, com poucas exceções como as que tivemos no Chile, no Uruguai e na Costa Rica, neste país uma das democracias mais antigas do Continente. Portanto, é uma nova experiência e como tal, como alguém que começa a amadurecer, vai se aprendendo pelo caminho.

Claro, a democracia na América Latina está enfrentando um de seus maiores desafios. Nós mencionávamos, quando trabalhávamos no planejamento de Esquipulas, que para conseguir uma paz firme e duradoura deveríamos saber os motivos e as causas da guerra e da violência. E a violência teve pelo menos três causas básicas na América Latina: um foi o conflito, o enfrentamento da União Soviética com os EUA, que nos empurrou para uma guerra ideológica, muitas vezes nem sequer parte de nossa maneira de pensar. A segunda causa era a intransigência e a intolerância política, que conduziu a governos autoritários e militares a serviço de setores econômicos de interesse. E a terceira era a pobreza e a exclusão.

Eu creio que resolvemos na América Central, e em toda a América Latina, o problema do conflito internacional: já não há uma bipolarização, escapamos disto e conseguimos dar maior independência e maior identidade à América Latina e suas diversas regiões.

Enfrentamos e resolvemos o problema da intolerância política dos regimes autoritários e agora temos eleições que são respeitadas e elegem presidentes com a maioria dos votos do povo praticamente em todos os países da América Latina. Mas temos um grave dilema: é o problema da exclusão, das grandes diferenças sócio-econômicas. A América Latina, que não é um Continente pobre, mas sim um continente rico, cada dia concentra mais sua riqueza em poucas mãos, a classe média vai desaparecendo e aumentam os níveis de pobreza. E eu diria que agora este é o principal desafio da democracia na América Latina, desafio que podemos encontrar em cada um dos países.

Creio que a América Central tem muitas características parecidas com o resto do Continente, mas também apresenta características bem particulares. Quer dizer, na América

Central os níveis de pobreza, de exclusão, de marginalização de certos setores da sociedade, os grupos étnicos, são mais parecidos com os da Bolívia, por exemplo, e do Peru, do que com o resto da América do Sul, mas inegavelmente com uma característica muito especial: nós estamos muito próximos dos EUA, e, portanto, sofremos uma enorme influência da cultura, da política e da economia norte-americanas em nossos países, que definitivamente marcaram uma série de setores e de etapas históricas do país. Então, isto nos dá uma série de exigências muito próprias. Por exemplo, a tendência dos EUA é fazer tratados bilaterais sistematicamente com cada um dos países, com o objetivo de se aproveitar de nossas fraquezas e, digamos, da economia, de nossas dimensões populacionais. E este tem sido o perfil dos EUA. Nunca me esqueço de que quando estávamos promovendo o plano da Paz e tratando de deter a guerra na América Central, li um livro de um general vietnamita do Sul, cujo principal conselho que dava a todos os países onde há guerras provocadas por conflitos com os EUA, e outros países hegemônicos do mundo, é que se comuniquem entre si, não permitam que os EUA os individualizem, porque então a cada um eles vão dizer o que convém a eles, não necessariamente o que convém ao outro lado. E então, efetivamente no processo da paz, o que salvou os presidentes centro-americanos e permitiu a paz foi a comunicação sistemática. O embaixador norte-americano sempre chegava dizendo algo diferente a cada um de nós. Ao presidente Aires, tratava de dizer: Costa Rica é o país preferido dos EUA e o mais democrático. E tínhamos que tomar cuidado com a Nicarágua. Dizia-nos que a Nicarágua estava se preparando para atacar a Guatemala e devíamos comprar armas para nos defender. E eu me lembro de quando conversava com um europeu, e os europeus nos ajudaram muito nesta discussão, o embaixador dizia: não se preocupe, porque se os sandinistas tem tanques, primeiro os tanques pesam tanto que eles não podem passar pelas suas pontes, elas não resistiriam a 60 toneladas. O que parece uma piada nos permitiu nos dar conta de que tudo em torno da guerra era um pouco a criação de motivos para enfrentar a Nicarágua. Então, eu disse em um discurso meu aos cidadãos centro-americanos que a guerra não é um bom negócio para a América Central, porque nós ficamos com os cadáveres enquanto os outros nos vendem as bombas, não podemos cair nesta tentação. Mas isto é um dilema na América Central. Por exemplo, o caminho lógico da América Central, e que eu propus desde o planejamento de Esquipulas e a criação do parlamento centro-americano, nos moldes do europeu, foi o de integração regional, porque juntos formamos uma economia do tamanho da economia da Califórnia, mas separados, somos economias que não têm realmente uma simetria para fazermos um tratado de livre-comércio com os EUA, por exemplo. Se nos unirmos, podemos fazer um acordo, pois somos exportadores de produtos necessários aos EUA. Por exemplo: juntas, Guatemala e Costa Rica exportam verduras gourmet que são fundamentais nos EUA e representam 95% do mercado norte-americano. Mas, competindo com a Costa Rica venderíamos a cada dia os produtos mais baratos. Por outro lado, se nos colocamos em acordo e nos integramos, fazendo uma economia de escala, poderíamos colocar o preço que quiséssemos aos EUA. Então, o que é que fazem os americanos, fazem um tratado de livre-comércio com cada um dos países da América Central isoladamente e nos rompem o processo de integração que vínhamos conseguindo. Nós já tínhamos uma união aduaneira, temos um parlamento centro-americano eleito pelo povo, temos uma secretaria e um sistema de integração e uma reunião de presidentes a cada seis meses, cujas decisões têm força de lei em toda a América Central. Mas o tratado de livre-comércio estabelece outro sistema de autoridade, porque com cada país se estabelecem umas comissões que têm supranacionalidade sobre cada um. Este é um dilema na América Central que temos de tratar e superar, que estamos trabalhando sistematicamente. Mas, além disso, temos uma economia e uma estrutura econômica muito tradicional, fundamentada nos produtos agrícolas, não nos serviços, nem na indústria e, portanto, nossa mão-de-obra é muito barata o que cria enormes níveis de pobreza. Outra questão: vivendo de produtos agrícolas, os níveis educacionais são baixos, pois o povo tem que trabalhar na produção, com baixos salários e não nos permite ingressar numa economia muito globalizada que exige, definitivamente, grandes níveis de competitividade e de capacidade de mão-de-obra. Este é outro dilema que temos de enfrentar. Naturalmente, diante de situações desta natureza, com o sistema econômico muito tradicional que mantém o povo com pouca educação e cria níveis de marginalização e de pobreza, naturalmente há, na América Central, enormes taxas de descontentamento com os governos e, conseqüentemente, mobilizações sociais sistemáticas. São problemas que estamos enfrentando e que estão nos conduzindo a esses níveis de ingovernabilidade. Mas, como já dissemos, o que acontece não é que haja tanta ingovernabilidade, as instituições estão funcionando, o que há é cólera, insatisfação porque não estamos podendo resolver os problemas do povo, em virtude de estarmos mantendo, pelo sistema econômico que temos, um estado de pobreza, sem cultura e de marginalização.

Entre as vantagens que temos por estar perto dos EUA está o fato de a tecnologia chegar muito rapidamente, assim a América Central teve, por exemplo, televisão a cores e celulares antes que a América do Sul, mas isto faz com que o povo veja pela televisão o novo modelo, digamos, de ser humano, muito parecido agora em todas as partes, de celular, cartão de crédito, carro novo, corte de cabelo especial, roupas da moda, o novo look, enfim. Então, para ter acesso a este perfil, os jovens se inserem nos grupos de crime organizado, as maras como se chamam agora, ou as gangues, como se chamam nos EUA, que se envolvem em violência para conseguir dinheiro fácil, uma vez que o sistema não está dando oportunidades de participar.

Então, na América Central o desafio da democracia é enfrentar estes dilemas da proximidade com uma economia muito grande; México também é uma economia supergrande e muito competitiva. No entanto, ao contar com uma economia de grandes dimensões, tecnologia moderna, mas pouco acesso da população a estes serviços, os problemas sociais, igualmente grandes, também se manifestaram em violência. Resolvemos o problema da guerra, terminamos com ela, e logo fizemos uma reunião em Toledo, e agora vamos ao Canadá para conhecer o plano de paz, como um exemplo de plano de paz regional, porque não somente fizemos acordos, mas sim terminamos com a guerra de uma vez e estamos nos integrando. Mas agora a problemática sócio-econômica está criando outra vez níveis de pobreza. Ainda assim, sou otimista: eu sempre dizia que na Guatemala não se pode ser político sem ser otimista. Precisamos seguir tendo atitudes, e creio que a democracia vai criar os mecanismos para resolver os problemas.

O Parlamento Centro-Americano teve uma

função muito particular num momento, que foi a função de criar um ambiente e o instrumento adequado para promover o diálogo político que não existia, e para a paz. Mas agora tem que ter outra função: precisa dar um passo à frente e ser mais do que um instrumento de diálogo e de participação política, para se converter naquela instituição que estabeleça normas para a integração regional. E isto é uma coisa muito importante, que temos que ver intimamente veiculado a realidade. Para o povo de cada país, as instituições regionais não são necessariamente o melhor, porque é um gasto aparentemente desnecessário de orçamentos limitados de cada um dos países, porque independentemente do tamanho do país, as exigências são sempre maiores que o orçamento. Então, aparentemente um parlamento implica um custo em dinheiro, é a crítica que se faz ao parlamento que poderia investir em educação e em saúde em cada um dos países. Mas a verdade é que se não vemos os diversos países da região da América Central ou da região Sul, com uma visão regional, não vamos poder entender e enfrentar a globalização. E isto é importante para o povo, para os dirigentes políticos, e especialmente para os meios de comunicação; a globalização não é algo que podemos aceitar ou não. A globalização, ou a mundialização como dizem os espanhóis, da economia, do comércio, da tecnologia, nos são impostos de todas as partes. E, então, os grandes países, os países industrialmente desenvolvidos, nos impõem a abertura dos mercados e a abertura de economias com o objetivo de estabelecer as multinacionais, um processo que vai se impondo historicamente.

É a única maneira de se inserir na globalização, porque a globalização é como uma grande corrente de água, é como entrar no mar e não numa baía, onde há ondas muito grandes e se alguém se coloca em frente a uma onda, ou contra a corrente, vai se afogar. É preciso fazer o que fazem os surfistas, ou o bom nadador, que é utilizar a corrente para ganhar mais velocidade e nadar sobre a água. É o que têm que fazer os países: não podemos nos colocar contra as correntes da História, mas acompanhá-las e delas extrair o melhor possível. "A prancha de surfe", quer dizer, o mecanismo para poder "pegar" a onda da globalização é a visão regional para poder construir economias de escala. Sempre coloco o exemplo da União Européia. A Alemanha é uma das três maiores economias do mundo; a Bélgica é o quarto país mais industrializado do mundo; França e Espanha são dois países com maior desenvolvimento econômico. Sistemático. E eles se integraram. Integraram-se porque definitivamente se conscientizaram de que se não o fizessem e não constituíssem uma grande união, com Parlamento, com conselho, com união de presidentes, não poderiam competir nem com o Japão, nem com os EUA, muito menos com a China. Eu creio que a América Central, e a América do Sul também estão obrigadas a iniciar um processo de integração, e nós políticos temos o dever de explicar ao povo que não se trata de um investimento para promover o turismo, viajar, mas sim um investimento em um instrumento necessário para enfrentar a globalização.

Depoimento de Marco Vinicio Cerezo Arévalo a Mário Lima

Marco Vinicio Cerezo Arévalo

Graduou-se em Ciências Jurídicas e Sociais pela Universidade de São Carlos da Guatemala, onde foi membro da Coordenação Estudantil e presidente da Associação de Estudantes de Direito. Em 1964 ingressou no Partido Democracia Cristã do qual foi secretário e, em 1974, foi eleito deputado do Congresso da República. Foi presidente da Guatemala de 1986 a 1990, administração que focalizou particularmente a estabilização da economia e da moeda do país. É reconhecido por ter conseguido inserir a Guatemala no cenário internacional. Também buscou estabelecer o Parlamento Centroamericano, que se encontra em atividade.

Mário Salgado Lima

Jornalista especializado em comunicação empresarial e governamental, foi assessor de Comunicação Social da Secretaria de Governo e Gestão Estratégica do Estado de São Paulo, entre 1995 e 2003. Também foi locutor da Rádio Eldorado e redator do jornal O Estado de

PRESIDENTES
DA AMÉRICA LATINA

S. Paulo, além de editor do Jornal da Tarde e diretor do Estúdio Eldorado. Atuou ainda na Rede Globo, como apresentador do Bom Dia São Paulo, e na TV Cultura, como apresentador do Jornal da Cultura e do programa Roda Viva.

Título	Presidentes da América Latina
Coordenador	Celso Lafer

FUNDAÇÃO MEMORIAL DA AMÉRICA LATINA

Edição Coordenação	Leonor Amarante
Colaboração	Ana Candida Vespucci
Diagramação Projeto Gráfico	Sergio Kodama
Assistente de Produção	Luciana Sandrini
Estagiário de Diagramação e Arte	Jakson Fontes

imprensaoficial IMPRENSA OFICIAL DO ESTADO DE SÃO PAULO

Supervisão Gráfica	Guen Yokoyama
Editoração	Teresa Lucinda Ferreira de Andrade
Tratamento de Imagens	Anderson Lima

Formato	16x23 cm
Tipologia	Wallbaum
Papel	90g/m² Alta Alvura
Número de páginas	288
Tiragem	1000
Editoração, CTP, Impressão e Acabamento	imprensaoficial